행동하지 않으면
내 아이는
달라지지 않는다

행동하지 않으면
내 아이는
달라지지 않는다

행동하지 않으면
내 아이는 달라지지 않는다

부모부터 실천하는 자녀 성장 12가지 법칙

초 판 1쇄 2026년 01월 16일

지은이 함정민
펴낸이 류종렬

펴낸곳 미다스북스
본부장 임종익
편집장 이다경, 김가영
디자인 윤가희, 임인영, 윤영빈
책임진행 이예나, 안채원, 김은진, 국소리, 송가희, 이지영

등록 2001년 3월 21일 제2001-000040호
주소 서울시 마포구 양화로 133 서교타워 711호, 808호
전화 02) 322-7802~3
팩스 02) 6007-1845
블로그 http://blog.naver.com/midasbooks
전자주소 midasbooks@hanmail.net
페이스북 https://www.facebook.com/midasbooks425
인스타그램 https://www.instagram.com/midasbooks

ⓒ 함정민, 미다스북스 2026, *Printed in Korea*.

ISBN 979-11-7355-665-4 03370

값 19,000원

미다스북스는 다음세대에게 필요한 지혜와 교양을 생각합니다.

부모부터 실천하는 자녀 성장 12가지 법칙

행동하지 않으면 내 아이는 달라지지 않는다

함정민 지음

WHEN PARENTS ACT, CHILDREN GROW

◇

미다스북스

아이를 잘 키운다는 것은…

10년이라는 시간 동안 어린이집에서 교사로 일하며 수많은 아이를 만났다. 아이들은 저마다 각기 다른 빛깔을 지니고 있었다. 항상 웃는 얼굴로 친구들 앞에 서기를 좋아하는 아이, 조용히 앉아 그림을 그리거나 놀이하며 자신의 세계를 즐기는 아이. 작은 실패에도 크게 우는 아이, 끝까지 도전하다가 결국 환한 미소를 지으며 새로운 것을 배우는 아이. 그 아이들의 모습을 보며 나는 '내가 교사로서 아이들에게 해줄 수 있는 것은 무엇일까?'를 항상 고민했다.

그 질문은 집에서도 계속되었다.

교사가 아닌 세 아이의 엄마로 살아가면서, 교실에서 배운 지혜가 통하지 않는 순간들이 많았다. 교사로서는 객관적인 시선으로 아이들을 바라볼 수 있었지만, 집에서는 부모로서 마음이 앞서 쉽게 흔들렸다. 아이의 사소한 행동에도 마음이 요동치고, 때로는 인내심이 바닥나기도 했다. 그러나 돌이켜보면 그 과정은 부모로서 내가 성장 할 수 있는 가장 큰 배움의 시간이었다. 아이를 키우는 일은 자녀의 성장을 돕는 동시에 부모인 나 자신이 끊임없이 배우고 성장하는 길임을 나는 깨달을 수 있었다.

"아이를 잘 키운다는 것은 무엇일까?", "성적이 우수한 아이로 키우는 것일까?", "사회성이 뛰어난 아이로 키우는 것일까?", "남들보다 더 앞서 나가는 아이로 키우는 것일까?", "어떤 힘을 길러주어야 세상 속에서 흔들리지 않고 자신을 지킬 수 있을까?", "어떻게 해야 아이가 자기 길을 당당히 걸어갈 수 있을까?"

이 질문에 대한 답을 찾기 위해 삶 속에서 만난 아이들을 떠올리고, 부모로서 겪어온 시간을 되돌아보았다. 그리고 눈을 돌려 우리나라를 비롯한 세계 각지에서 영향력을 발휘한 인물들을 살펴보았다. 그리고 그들의 어린 시절과 성장 배경, 부모님, 생활 습관에 대해서 알아보았다.

그렇게 오래 시간 고민을 거듭한 끝에 나는 1가지 분명한 결론에 도달했다.

아이를 잘 키운다는 것은 결국 오늘의 작은 습관 하나가 내일의 큰 힘으로 자라나게 하는 일이라는 사실이다.

◇ 습관이 만들어 가는 미래

매일 무심코 하는 행동이 결국 삶의 방향을 결정한다. 매일 조금씩 쌓아 올린 작은 습관이 아이의 생각을 형성한다. 그 생각이 태도가 되고, 그러한 태도가 결국 인생의 길을 만들어간다.

아이를 잘 키운다는 것은 단번에 거창한 목표를 이루는 일이 아니다. 오히려 **사소해 보이는 순간들과 작고 단순한 습관들이 아이의 내면에 깊이 뿌리내리게 하는 것이다.** 이 책에서는 우리나라를 비롯한 세계 각지에서 영향력을 발휘한 36인의 삶을 통해 '12가지 핵심 삶의 습관'을 다룬다. 책을 가까이하는 습관, 시간을 사용하는 습관, 자신을 믿는 습관, 깊이 생각하는 습관, 닮고 싶은 사람을 찾는 습관, 관찰하는 습관, 웃는 습관, 새로운 경험을 두려워하지 않는 습관, 감사하는 습관, 온전히 몰입하는 습관, 기록하는 습관, 그리고 행동으로 옮기는 습관이다.

이 '12가지 핵심 습관'은 아이와 부모의 인생을 더욱 건강하게 만들어 줄 '삶의 근육'이 될 것이다.

그렇다면 이러한 습관들은 어떻게 배울 수 있을까?

나는 그 답을 국내외 유명 인물 36인의 삶에서 찾으려고 한다.

각기 다른 시대와 환경에서 자랐던 그들도 분명 아이였고, 어린 시절이 있었으며 부모님이 계셨다. 그렇다면 그들은 과연 어린 시절을 어떻게 보냈고, 부모님은 그들을 어떤 환경에서 키웠으며, 어떤 습관을 지니게 되었는지 살펴보려 한다. 이들의 삶을 통해 12가지 습관에 대한 지혜를 얻고 부모가 먼저 실천한다면, 우리 자녀가 앞으로 어떤 길을 걸어가든지 든든한 토대가 되어줄 것이라 믿는다. 부모가 아이에게 줄 수 있는 가장 큰 선물은 물질이나 환경이 아니라, 삶을 살아가는 힘이 되어줄 '작은 습관'이다.

◇ 부모와 아이가 함께 만들어 가는 길

나는 교사로서, 부모로서 아이의 이야기를 충분히 듣기보다 내가 아는 것을 먼저 전하려 애써왔다. 하지만 시간이 지나면서 깨닫게 된 사실이 있다. 아이를 잘 키운다는 것은 결코 일방적인 과정이 아니며, 부모와 아이가 함께 만들어가야 한다는 것이다.

좋은 습관도 일방적으로 주어지는 것이 아니다. 아이에게 좋은 습관을 심어주려면 부모가 먼저 행동으로 보여야 한다. 부모가 하루 10분이라도 책을 읽는 모습을 보일 때, 아이는 자연스럽게 독서 습관을 익힌다. 부모가 사소한 일에도 감사하는 태도를 보일 때, 아이는 세상을 긍정적으로 바라보게 된다. 부모가 웃으며 하루를 시작할 때, 아이의 하루도 밝아진다. 아이의 습관은 부모의 삶에서 자연스럽게 흘러나온다. 부모가 아이에게 습관을 심어주기 위해 노력하는 과정에서 부모 자신도 새로운 습관을 배우고 다듬어 갈 수 있다.

결국, 아이를 잘 키운다는 것은 아이와 부모가 함께 성장하는 길을 걷는 것이다.

　　　　　　　　　　　　　　　　　　　　　　　

이제 36인의 이야기를 살펴보며 삶의 지혜를 발견하고, 아이와 함께 12가지 습관을 자신의 일상에 새겨 넣는 여정이 시작된다. 부모가 먼저 배우고 실천하며 아이와 함께 나누는 순간, 그 가정은 행복한 성장의 공간이 될 것이다.

아이들의 미래를 고민하는 모든 부모님께 이 책이 작은 씨앗이 되길 바라며, 이제 그 길을 함께 걸어가 보자.

목
차

 **1부**

나는 어떤 부모인가요?
내면을 세우는 부모의 작은 습관들

 **2부**

너는 어떤 아이일까?
아이의 성장은 일상의 관찰에서 시작된다

함께 성장하는 삶을 말하다
함께 행동할 때 성장의 길이 열린다

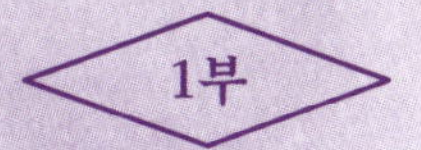

나는 어떤 부모인가요?

내면을 세우는 부모의 작은 습관들

"책을 읽고, 시간을 쌓고,
자신을 믿고, 질문하는 부모는 아이에게
'삶을 어떻게 바라볼지' 보여주는
가장 가까운 모델이다."

독서

삶을 바꾸는 조용한 시작

우리는 살아가면서 수없이 많은 선택을 한다. 어떤 길을 걸어갈지, 어떤 사람을 만날지, 그리고 어떤 삶을 살아갈지 결정한다. 그런데 그 모든 선택에 영향을 미치는 것은 무엇일까?

바로 '생각'이다. 그리고 그 생각을 키워주는 가장 강력한 도구가 바로 독서다.

책을 읽는다는 것은 단순히 글자를 따라가는 일이 아니다. 그것은 '마음을 여는 열쇠'이자 '세상을 바라보는 창'이다. 우리는 내 경험과 내 기준으로만 세상을 본다. 하지만 책을 통해 다른 사람의 생각과 시선을 알게 되면 같은 일도 전혀 다르게 보이기 시작한다.

아이가 이해할 수 없는 행동을 할 때 "왜 저럴까?" 하다가도 "저럴 수도 있겠구나."라고 보게 되고, 실패했을 때 "끝났어!" 하다가도 "다른 길일 수도 있겠네."라고 생각하게 된다. 세상은 그대로인데 내가 보는 방식이 달

  1부 나는 어떤 부모인가요?

라진 것이다.

우리는 한 권의 책을 읽을 때마다 수많은 사람의 인생을 경험한다. 자신이 가보지 못한 시대와 공간을 살아보고, 만나보지 못한 인물과 대화하며, 아직 오지 않은 미래를 미리 걸어볼 수 있다. 책 속에는 저자가 살아온 시간, 넘어졌던 순간, 다시 일어선 힘이 고스란히 담겨 있다. 우리는 그들의 삶을 단숨에 빌려 경험할 수 있고, 때로는 수십 년의 지혜를 단 몇 시간만에 내 것으로 만들 수 있다.

자녀를 키우다 보면 부모가 아무리 좋은 말을 해도 때로는 자녀의 마음에 닿지 않을 때가 있다. 아이가 자랄수록 그런 경우가 더 많아지는 것 같다. 하지만 책 속의 '한 문장'이 부모의 마음을 위로하고, 아이의 가슴을 울리며 삶의 방향을 바꿔주는 불씨가 될 수 있다.

책 속의 '한 문장'과 '한 구절'에는 큰 힘이 있다.

수많은 투자 기회 속에서도 흔들림 없이 독서를 통해 자신의 길을 걸어온 투자자 **워런 버핏.** 수많은 어려움을 극복하고 책을 통해 많은 사람을 일으켜 세운 강사 **김미경.** 음악과 책을 삶의 두 축으로 삼아 성장한 가수 **이적.**

이제 우리는 독서가 이 3명의 삶을 어떻게 열어주었는지 함께 살펴보려고 한다.

워런 버핏이 책에서 방법을 배웠고, 김미경 강사가 책에서 길을 찾고, 가수 이적이 책에서 세상을 확장했듯이, 독서는 삶을 바꾸는 가장 조용한 시작이었다.

이제 우리도 그 조용한 시작을 함께해보자.

워런 버핏

Warren Buffett

> "나는 하루에 500페이지 정도를 읽는다.
> 지식은 그렇게 쌓이는 것이다. 마치 복리처럼.
> 모두가 그렇게 할 수 있지만, 대부분은 하지 않는다."

미국의 기업가이자 세계적인 투자자인 워런 버핏은 세계에서 가장 존경받는 금융인 중 1명이다. 그는 세계 최고 부자 중 1명임에도 불구하고 1958년에 구입한 오마하의 작은 집에서 여전히 거주하며 검소한 생활을 유지하고 있다. 또 대부분의 재산을 기부하겠다고 약속하며 사회 환원의 가치를 실천하고 있다.

그는 하루 대부분을 책을 읽고 사색하는 데 할애할 정도로 독서를 매우 중요하게 여긴다. "지식은 복리로 쌓인다."라는 철학을 가지고 있고, 독서는 그 지식의 근본이라고 믿는다. 2026년 현재 95세가 넘은 나이에도 이러한 습관은 변함없이 이어지고 있다고 알려져 있다.

◇ **그의 어린 시절은 어땠을까?**

1930년 미국 네브래스카주 오마하에서 태어난 그는 아주 어릴 때부터 숫자를 외우고 계산하는 것을 좋아하는 아이였다. 일반적인 아이들과 달리 규칙을 따르기보다 효율적인 방법을 찾는 성향이 강했고 종종 '튀는 행동'을 하기도 했다. 학교 규칙을 지키지 않은 일로 선생님들의 미움을 사기도 했고, 초콜릿 공장을 보고 싶다는 이유로 가출하기도 했다. 하지만 그가 말썽을 피우며 놀기만 한 것은 아니었다.

그는 학교 공부보다 돈 버는 활동에 더 몰두하는 아이였다. 워런은 여섯 살 때 코카콜라 여섯 병 묶음을 25센트에 사서 한 병에 5센트에 낱개로 판매해 5센트의 이익을 남겼다. 이것은 버핏의 '첫 장사'였다. 그는 그 경험을 통해 작은 차익이라도 꾸준히 모으면 큰돈이 된다는 것을 알았다. 이후 이웃집 문을 하나씩 두드리며, 가격을 설명하고 주간지를 판매했다. 한 번 방문한 집은 주소와 반응을 기록했는데, 어린 나이에 '고객 관리'를 한 셈이다.

워런은 주식 중개인인 아버지 영향으로 작은 증권회사를 드나들며 주식에 관심을 가졌고, 11세 때 생애 첫 주식 투자를 시작했다. 당시 미국에서 비안정적인 대형 석유회사인 '시티즈 서비스(Cities Service) 우선주'를 자기 돈과 누나 돈을 모아 주당 38달러에 3주 매수했고, 주가가 27달러로 떨어지자 불안했다. 하지만 기다렸고, 결국 40달러에 매도했다. 이후 주가는 200달러까지 올랐는데 그는 이 경험을 통해 좋은 기업은 오래 보유해야 한다는 교훈을 얻었다.

또 친구와 함께 25달러짜리 핀볼 기계를 사서 이발소에 설치하고 수익을 절반씩 나누기도 했는데, 이후 기계를 늘려가며 사업을 확장했다. 그는 이 경험을 통해 수익이 자동으로 발생하는 시스템 개념을 터득할 수 있었다. 워런은 어린 시절 경마 결과를 분석하여 어떤 말이 이길 확률이 높은지 기록하고, 이를 바탕으로 돈을 벌려고 시도하기도 했다. 처음에는 돈을 잃었지만, 이 일을 통해 '감'보다는 데이터와 통계에 기반한 판단의 중요성을 배울 수 있었다.

그는 정규직 성인의 평균 월급이 215달러였던 시절, 이미 10대 때부터 학교에 다니면서도 물건을 팔고 신문 배달하는 등 일을 하며 월 200달러를 벌고 있었다고 한다. 신문 배달로 번 돈을 토대로 13세에 첫 세금 신고를 하기도 했는데, 35달러짜리 자전거를 감가상각 항목으로 기록하기도 했다. 돈을 벌고 모으는 데 관심이 많았던 워런 버핏의 꿈은 백만장자가 되는 것이었다.

◇ 그의 부모님은 그를 어떻게 키우셨을까?

워런 버핏의 아버지 하워드 버핏은 주식 중개인이자 후에 국회의원이었으며, 강한 윤리의식과 보수적인 가치관을 지닌 인물로 알려져 있다. 그는 버핏에게 정직성과 원칙 중심의 삶을 강조했다. 자녀들에게 돈보다 자기 신념을 지키는 일이 더 중요하다는 점을 알려주었다. 그는 정치인으로 활동하는 동안에도 권력이나 부에 연연하지 않는 태도를 보였고, 이 모습이 워런 버핏에게 깊은 인상을 남겼다. 그의 아버지는 아들에게 지나친 간섭을 하지 않고 스스로 선택하고 배우도록 격려했다. 워런 버핏은 아버지의 겸손하고 소박한 태도를 본받으며 성장했다.

그의 어머니 레일라 버핏은 매우 엄격하고 통제적인 성격으로, 자녀들에게 비판적이거나 냉정한 말을 자주 했던 것으로 알려져 있다. 특히 워런은 "어머니의 칭찬을 거의 받지 못했다."라고 회고하며 어린 시절 어머니와의 관계가 힘들고 감정적으로 상처가 많았다고 고백했다.

극심한 반항기를 겪던 시절 워런의 성적이 계속 떨어지자, 그의 아버지는 "성적이 계속 이 모양이면 네가 가장 아끼는 신문 배달 사업을 그만두게 하겠다."라고 엄포를 놓았다. 사업을 목숨보다 소중히 여겼던 워런에게 아버지의 말씀은 그 어떤 것보다 무서운 경고였다. 이후 버핏은 삶의 태도를 바꿔 학교 수업에 열심히 참여했으며, 좋은 성적을 유지하는 동시에 돈 버는 일도 게을리하지 않았다고 한다. 버핏이 고등학교 때는 선생님의 평가가 중학교 때와 달랐는데 "수학 성적이 뛰어남. 미래의 주식 중개인."이었다.

◇ 그는 어릴 때부터 책을 좋아하는 아이였을까?

워런 버핏은 한 마디로 책에 파묻혀 살던 아이라고 할 수 있다. 여섯 살 무렵부터 지역 공공도서관에 자주 다녔는데 '사업, 숫자, 투자, 인물'에 관련된 책들을 특히 좋아했다. 열 살 무렵 『1,000가지 방법으로 1,000달러 벌기』라는 책을 발견하고 반복해서 읽었고, 버핏은 이 책을 "어린 시절 나를 가장 흥분시킨 책"이라고 말했다.

이 책에서는 작은 아이디어를 실제 수입으로 만드는 방법, 작은 가게 운영, 간단한 투자, 사업 발상 등을 다루고 있었는데 이것은 어린 버핏의 마음에 불을 붙였다. 실제로 버핏은 그 책에 영향을 받아 껌, 콜라, 주간지 등을 직접 팔며 어릴 때부터 장사에 나섰고, 이 경험들이 버핏의 투자 감각을 키우는 토대가 되었다.

버핏은 초등학생 시절 집에 있었던 『월드 북 백과사전』을 반복해서 읽었는데, 그냥 훑어본 게 아니라 단어 하나하나를 탐독하며 읽었다. 이 경험이 그의 광범위한 지식 기반의 시작점이었다. 늘 집에는 신문과 주식 시세표가 쌓여 있었다. 워런은 이를 그냥 넘기지 않고, 기사의 숫자나 흐름을 꼼꼼히 분석하며 놀듯이 공부했다. 그는 주식시장, 투자, 수학적 계산 등에 흥미를 느끼며 관련된 책을 통해 스스로 배웠다. **부모나 선생님보다는 책에서 더 많은 영향을 받았다고 할 정도로 독서가 그에게 중요한 스승이었다.**

버핏은 지금도 매일 5~6시간 이상 책과 보고서를 읽으며 시간을 보내는 것으로 알려져 있다. 그의 어린 시절 독서 습관은 성인이 되어서도 큰 영향을 미쳤을 것으로 보인다.

그는 읽기만 하지 않았고 기업의 가치나 시장의 흐름을 파악하는 데 실질적으로 활용했다. 중요한 책은 여러 번 반복해서 읽으며 새로운 통찰을 얻었다. 정보를 수집한 후 스스로 생각하며 정리하고 투자 판단에 반영했다. **빨리 읽기보다 느리지만 깊이 이해하는 것을 중시했고 읽은 내용을 곱씹고 연결 짓고 적용해 보는 것이, 진짜 독서라고 그는 강조한다.**

김미경

강연가, 작가, MKYU 대표

> "독서는 나를 리부트하는 가장 강력한 도구이다."

김미경은 독서를 통해 자신의 삶을 변화시키고 수많은 여성과 청년들에게 동기부여를 하며, 독서의 중요성과 실천을 강조하는 자기 계발 강연가이자 MKYU(온라인 교육 플랫폼)의 대표이다. 그녀는 "책 한 권이 인생을 바꾼다."라고 말한다. 코로나19로 인해 강의 활동이 중단되었을 때, 그녀는 다양한 책과 리포트를 읽으며 아이디어를 얻고 이를 노트에 기록하여 '코로나 솔루션 노트'를 만들었다. 이를 통해 위기를 기회로 전환할 수 있었다고 한다. 그녀는 독서를 통해 자기 내면을 깊이 들여다보고 자신만의 지도를 만들어 나갔다.

그녀의 독서는 단순한 정보 습득을 넘어 삶의 방향을 설정하고 위기를 기회로 바꾸는 힘을 기르는 데 중점을 둔다. 이러한 접근 방식은 많은 사람들에게 자신의 가능성을 믿고 도전하도록 용기를 준다. 특히 여성과 청

년층이 자신의 인생을 주도적으로 설계할 수 있다는 자기 계발의 동력을
불어넣어 주었다.

　1964년 충북 괴산군 작은 시골 마을에서 다섯 남매 중 둘째 딸로 태어났
고, 어릴 때부터 에너지 넘치는 아이였다. 가만히 앉아 책을 읽기보다 동
네를 뛰어다니며 사람들과 마주치는 것을 즐겼고, 직접 몸으로 부딪치며
배우는 것을 좋아했다. 한 번 입을 열면 멈출 줄 모르는 '말솜씨'는 마을에
서도 유명했다. 초등학생 시절 말을 잘해서 줄곧 반장을 했고, 음악을 좋
아해서 음악 성적은 항상 좋았다. 당시 시골 중학교에서는 여학생이 고등
학교에 가는 것이 쉬운 일이 아니었는데, 그녀는 열심히 공부해서 청주에
있는 고등학교에 입학했다. 그 일은 읍내 전체의 경사였다고 한다.

　청주여고에서 그녀는 친구의 부모님 직업이 교수, 변호사, 방송국 사
장이라는 것에 기가 죽었고 '어떻게 하면 기를 펴고 학교생활을 하시?'라
고 생각했다고 한다. 그리고 '저요!' 전략을 썼다. "누가 반장 하고 싶은 사
람?" 하면 "저요!" 이번에 "무슨 행사가 있는데 나가 볼 사람?" 하면 "저
요!"라며 나섰다. 덕분에 고등학교 때는 친구들도, 선생님도 김미경 하면
다 알아주게 되었다고 한다.

　그녀는 음악에 소질이 있다는 것을 알게 되면서, 서울로 대학을 진학하

기 위한 계획을 세웠다. 하지만 형편이 어려워 부모님은 반대하셨고, 단식 투쟁을 하며 부모님을 설득했다. 결국 고교 3학년 수학 시험을 모두 1번으로 찍고도 연세대 작곡과에 수석으로 합격했다. 하지만 대학 생활 내내 음악 공부는 하지 않았다. 당시 서클에서 준 책을 읽고 대한민국 역사와 정의에 대해 다시 생각해 보며 2학년 때까지 열심히 학생운동에 전념했다고 한다. 후에 그녀는 피아노학원을 운영했고, 학원 원장 워크숍에서 성공 사례를 발표하며 강사의 길에 매력을 느껴 강사 일을 시작하게 되었다.

◇ 그녀의 부모님은 그녀를 어떻게 키웠을까?

어머니는 독실한 크리스천으로 자녀의 진로와 안전을 위해 항상 기도하셨다. 그녀의 책 『김미경의 딥마인드』에서 그녀는 어머니에 대해 이렇게 말한다.

매일 새벽같이 일어났던 그녀의 엄마는 창문을 열고 찬송가부터 틀었다고 한다. 그리고 재단용 자를 두드리며 큰 소리로 노래를 따라 불렀다. 돈 버는데 재능이 없던 아버지를 대신해 다섯 남매를 먹여 살린 엄마는 형편이 어려울수록 더 일찍 일어났고, 더 크게 노래를 불렀다. 그때 엄마는 어린 그녀에게 늘 이런 말을 해주시곤 했다. "미경아, 힘들수록 눕지 말고 더 새벽같이 일어나야 되는겨. 그렇게 열심히 살믄 다 이겨낼 수 있어. 너 사람들 가만히 봐라. 힘들면 다 눕지 일어나는 사람이 하나라도 있나. 그래서 암만 가진 게 없어도 인생은 해볼 만한겨."

그녀의 어머니는 평생 양장점을 운영하며 다섯 남매를 키워낸 억척스럽고 부지런한 분이었다. 그녀가 수학 시험에 빵점 수준의 성적표를 가져와도 꾸짖지 않으셨다. 오히려 "너는 다른 걸 잘하니까 괜찮다."라며 딸의 기를 살려 주었다.

아버지는 원래 초등학교 교사였으나 교사직을 그만두고 여러 차례 사업을 시도했지만, 번번이 실패했다. 그녀는 2023년 '공부왕 찐 천재 홍진경' 채널에 출연하여 아버지에 대해 이렇게 말했다. "아버지가 돈은 못 벌었지만 살갑고 여성스러웠다. 나는 학교에서 돌아온 후에 아버지와 학교 이야기를 3시간씩 하곤 했다. 아버지는 돌아가시기 전에도 나와 3시간 동안 전화 통화를 하는 경우가 많았는데, 그런 남성이 드물다는 것을 나중에 알았다."

그녀의 말하는 능력을 키워주신 분은 아버지였다. "네 이야기는 너무 재미있다."라며 그녀의 이야기를 판단 없이 들어주고, 자녀의 말에 비난하지 않고 공감해 주는 분이셨다.

그녀의 아버지는 엄격한 가장이기보다 노래 부르는 것을 좋아하고 친구들과 어울리기를 즐기는 낭만적인 분이셨던 것 같다. 그녀가 음대에 진학하고 예술적 감수성을 갖게 된 데에는 아버지의 기질이 큰 영향을 미쳤을 것으로 보인다.

   1부 나는 어떤 부모인가요?

◇ 그녀는 어떤 독서 습관을 갖고 있었을까?

그녀의 독서 습관은 어린 시절의 습관보다는 성인이 된 후 만들어낸 '생존 독서' 습관에 가깝다. 강사로서의 전문성을 지키기 위해, 위기를 극복하기 위해, 치열하게 만들어낸 공부 루틴이다. 그녀의 가장 유명한 습관은 새벽 시간 활용이다. 누구에게도 방해받지 않는 새벽 시간을 오로지 자신의 지적 성장을 위해 사용한다.

그녀는 책을 읽으며 영감을 주는 문장이나 깨달음을 노트에 적는다. 그 내용을 주제별로 분류해 바인더에 정리한다. 책 한 권을 다시 읽으려면 몇 시간이 걸리지만, 직접 정리한 페이지를 읽는 데는 5분이면 충분하기 때문이다. 지식을 복습하고 내 것으로 만드는 데 탁월한 방법이다. 그녀는 이것을 수십 년째 반복해 왔는데, 이것이 그녀의 강의 콘텐츠의 원천이 된다.

그녀는 책을 처음부터 끝까지 순서대로 읽어야 한다는 강박에서 벗어나라고 조언한다. 목차를 보고 지금 나에게 가장 필요한 부분, 궁금한 페이지부터 먼저 펼쳐서 읽으라고 한다.

"책이 나를 위해 존재하는 것이지, 내가 책을 읽기 위해 존재하는 게 아니다."라는 철학을 가지고 철저히 자신의 문제 해결을 위해 책을 활용한다. 그녀는 2018년부터 유튜브 채널에서 '북 드라마'라는 코너를 통해 매주 한 권의 책을 깊이 있게 읽고 분석하여 자신의 언어로 해석해 전달하기도 했다. IMF 사태로 가족의 생계가 무너지고 경제적 · 정신적으로 바닥을 경험했을 때, 그녀는 책에서 다시 출발점을 찾았다. 특히 성장에 관한 책과 자기계발서를 집중적으로 읽으며 '나 자신을 다시 만들겠다'라는 결심을 했다. 그녀에게 독서는 읽는 행위가 아니라 삶의 방향을 전환하는 도구였다.

그녀는 독서를 '나를 만나는 자기 대화의 시간'이라고 말한다. "배가 고프면 밥을 먹듯, 머리와 영혼이 고프면 책을 읽어야 한다."라고 말한다. 읽은 것에 그치지 말고 책에서 얻은 통찰을 비즈니스 모델로 만들거나 강연 콘텐츠로 만들어 실제 경제적 가치를 창출한다. 그녀에게 독서는 현재의 한계를 깨고 미래를 미리 살아보는 연습과도 같다. 모르는 분야에 대한 막연한 두려움을 독서를 통한 '공부'로 극복한다. 책을 통해 세상의 변화를 읽고, 다음에 내가 어디로 가야 할지 결정하는 나침반으로 사용한다. 그녀는 책을 깨끗하게 읽는 것을 지양한다. 밑줄을 긋고, 귀퉁이를 접고, 메모하여 책을 철저히 '사용'하는 것이 그녀가 정의하는 진정한 독서다.

이적

가수, 작곡가, 작사가, 작가

가수 이적은 뛰어난 음악성과 감성적인 노랫말로 오랫동안 사랑받아 온 싱어송라이터이자 작가다. 이적의 본명은 이동준이며 〈달팽이〉, 〈거위의 꿈〉, 〈다행이다〉, 〈말하는 대로〉 등 수많은 히트곡을 발표하며 대중의 큰 사랑을 받았다. 깊이 있는 가사와 따뜻한 감성으로 작곡가이자 작사가로 활동하는 그의 언어 감각의 바탕에는 꾸준한 독서 습관이 자리 잡고 있다.

그는 다독가이지만 무조건 많이 읽기보다는 자신의 감성과 언어에 영감을 주는 책을 선별해 읽는 경향이 강하다. "책은 나를 표현하는 재료가 된다."라고 하며, 작사와 음악 창작의 영감 원천으로 책을 활용한다. 좋은 문장이나 인상 깊은 구절을 발견하면 노트나 휴대전화 메모장에 기록하는 습관도 지니고 있다.

1974년 서울에서 태어나 자란 그는 어릴 적부터 독서를 매우 좋아했고, 책을 통해 세상을 간접적으로 경험하고 상상력을 키웠다. 부모님은 책과 친해질 수 있는 환경을 조성해 주셨고, 주말이나 방학 때는 가족 모두가 책을 읽거나 조용한 시간을 보내는 일이 자연스러웠다. TV를 치우고 책을 가까이 두는 생활 습관이 그의 기본적인 사고방식을 형성하는 데 큰 영향을 미쳤다. 집안 곳곳에 책이 놓여 있었고, 읽으라고 강요하지는 않았지만, 항상 무언가를 읽고 있었다고 한다.

어린 시절부터 집에 늘 피아노가 있어 자연스럽게 피아노를 치며 놀았다. 초등학교 저학년 때부터 피아노를 배우며 음악과 가까이 지낸 그는 악보를 그대로 치는 것보다, 자신이 원하는 대로 멜로디를 변형하거나 즉흥적으로 연주하는데 더 흥미를 느꼈다고 한다. 클래식, 팝, 가요 등 다양한 장르의 음악을 많이 들었는데, 멜로디를 듣고 따라 부르거나 악보 없이 연주해 보는 습관을 통해 음악적 감각을 키웠던 것으로 보인다. 중·고등학교 때는 직접 편곡을 해보기도 했다. 그는 어린 시절 자신을 활발한 아이보다는 조용하고 관찰력 있는 아이로 표현한다.

◇ 그의 부모님은 그를 어떻게 키우셨을까?

어머니 박혜란 작가는 대한민국 1세대 여성학자이자 교육자이다. 서울대학교 독어독문학과를 졸업한 후 동아일보 기자로 활동하다가, 둘째 출산 후 10년간 전업주부로 지냈다. 이후 서른아홉의 나이에 여성학을 공부하며 워킹맘으로 복귀하였고, 〈여성신문〉 편집위원장, 인간교육실현학부모연대 공동대표, 공동육아 이사장 등을 역임하며 활발히 활동했다.

그녀는 세 아들을 모두 서울대학교에 진학시킨 것으로 유명하다. 자녀들에게 가장 많이 한 말은 "알아서 커라."였다. 자녀들의 자율성과 자발성을 중요시하고, 아이들이 스스로 자립하고 경험하며 성장할 수 있도록 믿고 기다려 주는 교육 방식을 택한 것이다. 그녀는 "책은 밥처럼 자연스러운 것"이라는 교육 철학을 지녔다. 그렇게 자신도 공부하며 독서를 실천함으로써 강요하지 않아도 아이들이 자연스럽게 따라 하도록 만들었다.

그의 아버지도 서울대학교 불문과를 졸업했는데, 이적이 어린 시절 아버지께서 사업을 하셨던 것으로 보인다. 2013년 SBS '힐링캠프'에서 이적이 아버지 이야기를 꺼냈을 때 "아버지는 술과 음악을 좋아하셨고, 우리가 깨어 있는 동안에는 집에 잘 들어오지 않으셨다." 정도의 언급만 있었다. 아버지의 교육 철학을 직접적으로 알 수는 없으나, 자녀에게 강제적인 학습이나 성적 압박을 가하지 않고 자율성과 책임을 강조하셨던 것으로 보인다.

부모님은 자녀가 자신의 흥미와 의지를 바탕으로 선택하도록 격려하였으며, 이는 자기 주도적이고 독립적인 사고를 키우는 교육 방식이었다. 특히 어머니는 "네가 공부를 잘하면 네가 좋은 거지, 내가 좋은 건 아니야. 내가 좋은 건 하나도 없어. 그러니까 네가 하기 싫으면 하지 마. 이건 네 일이야."라고 자주 말씀하셨다. 강요가 아닌 믿음에 기반한 양육은 자아존중감과 함께 실패에 대한 두려움 없이 도전할 수 있는 자신감을 심어주었을 가능성이 크다. 부모의 만족보다 자녀의 의지와 기분을 더 중요하게 여긴 교육 방식을 엿볼 수 있다.

◇ 그는 어떤 독서 습관을 갖고 있었을까?

그는 거실, 방, 부엌 등 어디서나 책을 쉽게 꺼내 읽을 수 있는 환경에서 자랐다. 책은 그에게 공부나 과제가 아니라 생활의 일부로 받아들여졌다. 초등학생 시절부터 동화책, 위인전, 소설을 자주 읽었고, 청소년기와 대학 시절까지 카프카, 헤르만 헤세, 장자, 니체 같은 철학서와 고전 문학에도 관심을 가졌다.

그가 어린 시절 읽은 책 중 충격을 받았던 책이 있다. 스웨덴 동화 작가 아스트리드 린드그렌의 『사자왕 형제의 모험』에 대해 언급한 적이 있는데, 두 형제가 죽음 이후의 세계를 마주하는 내용이다. 어릴 때 이 책을 읽으며 "다음 세상이 있다면 죽음을 무서워하지 않아도 되겠네? 가면 다 만날 수 있구나."라고 생각했다고 한다. 평범한 동화인 줄 알고 읽었다가, 죽음

이후의 세계를 다루는 심오하고 비장한 서사에 큰 감명을 받았다고 한다.

그는 편식하지 않는 독서가로 유명하다. 순수문학, 사회학, 뇌과학, 진화심리학, 천문학, 만화 등 가리지 않고 읽는다. 또 침대, 화장실, 서재 등 장소마다 다른 책을 두고 여러 권을 동시에 읽기도 한다. 여러 권을 동시에 돌려 읽는 방식은 각기 다른 흐름과 분위기를 경험할 수 있다고 한다. 장소와 기분에 따라 읽는 책을 바꿈으로써 뇌에 신선한 자극을 주고, 서로 다른 분야의 지식이 머릿속에서 충돌하며 새로운 아이디어를 만들어낸다.

그는 재미있는 단어와 문장을 메모장에 기록하며 아이디어와 순간의 감정을 잃지 않으려 노력한다. 그는 평소 SNS 등을 통해 짧게 기록해 온 단어에 대한 단상들을 모아 2023년 첫 산문집 『이적의 단어들』을 펴내기도 했다. 그는 음악을 만들 때도 책에서 영감을 얻는 경우가 많다고 밝히기도 했는데, 가사 속에 문학적인 표현과 깊은 사유가 묻어나는 이유가 바로 이러한 독서 습관과 관련이 있다.

2

시간

끝을 생각하며 보내는 하루

햇살이 눈부시게 빛나는 아침, 신께서 당신에게 선물을 주셨다. 지구에 사는 모든 이에게 공평하게 주신 선물, 바로 하루 24시간이다. 부자든 가난한 사람이든, 어린아이든 어른이든 하루 24시간은 모두 똑같이 주어진다. 신께서 주신 이 선물, 하루 24시간을 당신은 어떻게 사용하고 있는가? 어떤 사람들은 하루 24시간을 활용해 놀라운 성취를 이루지만, 어떤 사람들은 늘 같은 자리에 머물러 있다. 그 차이는 어디에서 비롯되는 걸까?

사실 이 선물에는 보이지 않는 투명한 비밀 열쇠가 하나 숨겨져 있었다. 그 열쇠는 '시간 사용법'이라는 문을 열 수 있는 투명한 비밀 열쇠다. 그 열쇠로 문을 열고 들어간 사람은 그 선물을 매우 소중하게 여기지만, 열쇠를 발견하지 못한 사람은 그 선물의 가치를 알지 못하고 시간을 낭비하고 만다. 당신은 그 투명 비밀 열쇠를 발견했는가? 그 투명한 열쇠의 정체는 바로 '목표'다.

 1부 나는 어떤 부모인가요?

목표가 없는 시간은 쉽게 흘러가 버린다. 오늘 하루도 열심히 살았는데, 막상 돌아보면 손에 잡히는 것이 없는 이유는 분명한 방향 없이 시간을 보냈기 때문이다. 반대로 뚜렷한 목표가 있다면, 같은 1시간을 쓰더라도 의미와 힘이 전혀 달라진다.

목표는 시간을 빛나게 하고, 시간은 목표를 현실로 만들어 준다. 많은 사람들이 "시간이 부족하다."라고 말한다. 하지만 사실은, 바쁜 하루 속에서 시간을 어디에 쓰고 있는지 돌아볼 여유가 없는 것은 아닐까? 방향 없이 시간을 쓰다 보면 시간이 새어 나가는 경우가 많다. 휴대전화 앞에서 무심코 보낸 30분, 잡다한 일로 흘려보낸 하루, 목표가 없다면 시간은 금세 사라져 버린다. 그러나 목표가 뚜렷하다면 작은 틈새 시간조차도 나에게 소중한 자산이 될 수 있다.

그렇다면 각기 다른 시대와 분야에서 산업의 지형을 바꾸고 인류의 삶에 큰 영향을 끼쳤다는 점에서 세계적인 리더로 평가받는 그들은 목표와 시간을 어떻게 연결했을까? 화성 이주라는 거대한 목표를 향해 하루를 분 단위로 쪼개 쓰는 **일론 머스크.** 세상을 바꿀 기술을 만들겠다는 꿈을 품고 바쁜 일정 속에서도 독서와 사색의 시간을 확보한 **빌 게이츠.** 삼성을 세계적인 기업으로 만들겠다는 확고한 목표 아래 목적 없이 흘려보내는 시간을 극도로 경계한 **이건희** 회장.

이제 우리는 이 세 인물이 보여준 시간 관리와 목표의 힘을 살펴보며, 똑같이 주어진 24시간을 어떻게 활용하느냐가 인생을 바꿀 수 있다는 사실을 확인해 보려 한다.

일론 머스크

> "시간은 궁극의 화폐다."

일론 머스크는 전 세계에서 가장 영향력 있는 기업가이자 발명가, 공학자이다. 그는 기업을 통해 부를 축적하는 것을 넘어 "인류의 생존과 진화"라는 거창한 목표를 기업 경영의 핵심 가치로 삼고 있다. 테슬라, 스페이스X, 뉴럴링크 등 여러 회사를 동시에 운영하면서도 놀라운 생산성과 추진력을 보여준다. 그의 활동은 전기차, 우주 산업, 인공지능, 신경 인터페이스, 인터넷 위성 통신 등 다양한 첨단 분야에 걸쳐 있다. 보통 사람은 하나도 해내기 어려운 일들을 그는 어떻게 해내는 걸까? 그는 시간을 어떻게 사용하는지, 그의 어린 시절 환경과 부모님이 그에게 어떤 영향을 미쳤는지 알아보자.

그는 1971년 남아프리카공화국 프리토리아에서 태어났다. 당시 남아프리카공화국은 법 제도로 인종 분리, 인종차별을 정당화한 '아파르트헤이트'가 여전히 시행 중이었다. 흑인과 유색인은 정치적 권리와 자유가 제한되었고, 주거지, 학교, 교통수단까지 철저히 분리되어 있었다.

백인 소수(인구의 20%)가 정치, 경제, 교육의 주도권을 쥐고 있었다. 머스크의 가정은 백인 가정이었기에 비교적 교육과 생활 여건이 안정적이었지만, 사회 전반에는 불평등과 갈등이 매우 심각했다. 애슐리 반스가 쓴 머스크 전기에 따르면 머스크는 아파르트헤이트체제에 가담하기를 원치 않았다. 그래서 남아공의 군 복무 의무를 이행하지 않으려 했고 이 때문에 17살에 고등학교를 졸업하자마자 남아공을 떠날 준비를 했다.

그의 어린 시절은 매우 고독하고 고통스러웠으며 동시에 지독한 몰입으로 가득했던 시기다. 그는 내성적이고 공상에 잠기기 좋아하는 아이였다. 친구들과 어울리기보다 책 읽는 것을 훨씬 좋아했다. 이 때문에 또래들 사이에서 '잘난 척하는 아이'로 찍혀 따돌림을 당하기도 했다. 머스크를 못마땅하게 여긴 한 무리의 학생들이 그를 표적으로 삼아 괴롭혔고, 그는 코뼈가 부러져 병원에 실려 가기도 했다. 하지만 더 큰 고통은 집에 돌아온 후에 아버지의 반응이었다. 병원에서 집으로 돌아온 일론에게 아버지는 위로 대신 "그 아이는 아버지가 자살해서 힘든 상태였다. 네가 그를 바보라고 불러서 자극했으니 네 잘못이다. 바보라고 부른 네 탓이다."라며 몰아세웠다. 밖에서는 죽을 뻔하고 돌아온 아들에게, 아버지는 더 큰 상처를 주었다. 그는 '이 세상에 나를 도와줄 사람은 아무도 없다'라는 극한의 고립감을 느꼈을 것이다.

월터 아이작슨의 전기에 따르면 일론은 당시 남아공이 백인 소년들을 강인한 군인으로 키우기 위해 야생에서 생존 훈련을 시키는 '벨트베들라' 캠프에 참여했는데, 그곳에서 충격적인 경험을 했다고 전한다. 거기서는 아이들에게 아주 적은 양의 음식만 주고 서로 경쟁하게 만들고, 교관들은 폭력을 방관하거나 오히려 조장하기도 했다. 머스크는 그 캠프에서 실제로 죽어 나가는 아이들을 보았다고 회상하며 그곳은 '지옥'과 같았다고 기억했다.

이후 그는 사춘기를 지나면서 신체적으로 성장했고, 더 이상 괴롭힘을 당하지 않게 되었다고 한다. 지독한 괴롭힘에서 살아남아야 한다는 생존 본능 때문에 일론은 유도, 레슬링 같은 무술을 배우기 시작했는데 학교의 유명한 불량배가 다시 그를 건드렸을 땐, 예전처럼 당하고만 있지 않고 배운 대로 그의 코를 향해 주먹을 날려 쓰러뜨렸다고 한다.

그에게 어린 시절 학교와 가정에서의 시간은 즐거움이 아니라 버텨 내야 하는 시간에 가까웠다. 이 시간을 견디기 위해 그는 더 책을 읽었고, SF 소설 속 주인공에 자신을 투사하며 현실의 시간을 지워나갔다. 그는 이 시기에 지독한 몰입으로 이미 보통 사람들이 평생 읽을 분량의 책을 읽었다고 한다. 17세에 그는 캐나다로 이민을 계획하며 이민 절차, 영어 실력 향상, 대학 입학 준비 등 장기적인 로드맵을 세웠고 10대 후반부터는 "미국에 가서 물리학과 컴퓨터공학을 공부하고 사업을 할 것"이라는 청사진을 그리며 그에 맞춰 행동하고 시간을 쌓아갔다.

◇ 그의 부모님은 그에게 어떤 영향을 미쳤을까?

일론 머스크의 부모는 그의 성격과 사고방식 형성에 깊이 관여하고 있다. 아버지 에롤 머스크와 어머니 메이 머스크는 그가 약 9세 때 이혼했다. 이혼 직후에 그는 어머니와 살다가 다시 아버지와 살기로 선택했는데 일론은 나중에 여러 인터뷰에서 "그 선택이 내 인생에서 최악의 결정 중 하나였다."라고 말했다.

그의 아버지 에롤 머스크는 전기, 기계, 항공 엔지니어이자 부동산 개발자 등으로 알려져 있다. 그는 다재다능한 기술자이며, 성격은 고집이 세고 지적이지만 가족과의 갈등이 많았던 것으로 보인다. 에롤 머스크는 일론이 어릴 때부터 전자 부품과 컴퓨터를 다룰 수 있는 환경을 조성해 주었고, 아들에게 매우 높은 지적 기대치를 부여한 것으로 알려져 있다. 일론은 "아버지는 천재이지만, 정서적으로 매우 해로운 사람"이라고 평가하며 비판하기도 했다.

그의 어머니 메이 머스크는 일론에게 무한한 신뢰를 주었다. 17세에 남 아공을 탈출 하듯 떠나 캐나다에서 어머니, 동생들과 함께 살았던 시기를 그는 "경제적으로 가난했지만, 정서적으로는 자유로웠던 시간이었다."라 고 말한다. 어머니는 낮에는 모델로, 밤에는 영양사 등 다섯 개의 일을 동 시에 하기도 하며 세 자녀(일론, 킴벌, 토스카)를 부양했다. 이 시절 그는 "나중에 사업에 실패해도 굶어 죽지 않고 살 수 있을까?"를 시험하기 위 해, 하루에 딱 1달러로 버티는 실험을 하기도 했다. 어머니는 늘 자녀들에 게 "스스로 길을 찾아야 한다."라고 말하며 자립심과 근면함을 가르쳤다. 후에 그녀는 "나는 아이들이 무엇을 하는지 체크할 시간조차 없을 만큼 바 쁘게 일했다."라고 회상하며, 그것이 오히려 아이들의 자립심을 키웠다고 전하기도 했다.

◇ 그는 어떤 시간 관리 습관을 갖고 있을까?

그의 시간 관리는 일반적인 '계획'의 차원을 넘는다. 그는 자신의 뇌를 마치 고성능 컴퓨터처럼 활용하여 여러 회사를 동시에 경영한다. 테슬라, 스페이스X, 뉴럴링크 등 각기 다른 성격의 회사를 총괄하면서도 새로운 아이디어를 제시한다. 똑같이 주어진 하루 24시간 안에서 그는 어떻게 이 많은 일을 해낼 수 있을까?

그는 하루를 5분 단위로 쪼개어 시간을 관리한다고 알려져 있다. 1시간 걸릴 일도 5분짜리 블록 두 개 안에 끝내겠다고 설정하면, 뇌는 초인적인 집중력을 발휘한다. 아주 짧은 시간을 부여함으로써 집중력을 극한으로 끌어올리는 것이다. 식사, 이메일 확인, 회의 등 모든 일과를 레고 블록처럼 시간표에 끼워 넣고, 그 시간이 지나면 미련 없이 다음 블록으로 넘어가며 일을 처리하는 것이다.

하지만 그는 과거와 달리 최근에는 "나는 5분 단위로 일정을 그렇게 세밀하게 관리하지 않는다. 사고할 여유가 길게 있어야 창의적일 수 있다."라고 말했다. 관리해야 할 회사가 많아지면서 정해진 스케줄표를 따르기보다, 가장 심각한 문제가 있는 현장으로 달려가 하루 종일 그 문제만 파고드는 방식을 취한다. 이는 결정권자가 현장에 상주함으로써 결재 단계를 없애고 엔지니어들과 즉각적인 피드백을 주고받아 문제 해결 속도를 높일 수 있다.

그는 우선순위를 정하는 기준을 분명히 한다. "이 일이 인류의 미래를 바꾸는가?"라는 질문을 스스로에게 던지며, 사소한 일보다 **본질적인 일에 시간을 투자한다.** 불필요한 보고서에는 시간을 쓰지 않으면서, 우주 탐사나 전기차 개발 같은 핵심 사안에는 많은 시간을 쏟는다.

그에게 시간은 목표를 달성하기 위한 '가장 강력한 연료'라고 할 수 있다. 그는 "내일 무엇을 할까?"를 고민하지 않고, "완전한 자율 주행을 완성하려면 지금 당장 무엇이 해결되어야 하는가?"라는 거대한 목표를 세우고, 그 목표를 가로막는 가장 큰 장애물에 자신의 시간을 투입한다.

그의 일상에서도 효율성이 돋보인다. 그는 점심 식사 시간을 따로 비워두지 않고, 보통 5분 이내에 간단히 식사하거나 회의 중에 식사를 하기도 한다고 직접 밝힌 바 있다. 그가 테슬라 본사에서 기자와 인터뷰할 때 샌드위치를 급히 베어 물며 질문에 답한 일화도 있다.

최근 일론 머스크의 시간 관리는 '계획'보다는 '몰입'과 '불필요한 공정 삭제'에 집중되는 것 같다. "이 일이 정말 필요한가?"라고 끊임없이 묻고 조금이라도 의심스러운 절차나 부품, 회의는 일단 없애버린다. 불필요한 것을 덜어내면 자연스럽게 공정이 단순해지고, 이는 곧 목표 달성 속도로 이어진다.

빌 게이츠

Bill Gates

> "내가 아무리 돈이 많아도 시간을 더 살 수는 없다.
> 그래서 나는 내 스케줄을 매우 신중하게 짠다."

빌 게이츠는 세계에서 '가장 부유한 인물' 중 1명이며, 동시에 '가장 많이 사회에 환원한 부유한 인물' 중 1명이기도 하다. 그는 마이크로소프트의 공동 창립자이다. 세계에서 가장 영향력 있는 기업가이자 자선가 중 1명으로, 컴퓨터 혁명을 주도하며 20세기 말부터 21세기 초까지 경제와 기술 발전에 지대한 영향을 끼쳤다. 그는 시간을 극도로, 전략적으로 활용하는 사람으로 알려져 있고, 그의 시간 관리 습관은 '집중과 회복의 균형'에 중점을 두고 있다.

◇ 그의 어린 시절은 어땠을까?

1955년 미국 북서부 워싱턴주 시애틀에서 태어난 그가 어린 시절 가장 좋아하는 놀이는 카드놀이(하트)와 보드게임(리스크)이었다. 특히, 외할머니는 카드 게임 명수였고, 어린 그에게 확률과 수의 조합을 가르쳐준 첫 번째 멘토였다. 훗날 '윈도우(Windows)' 초기 버전에 '하트' 게임이 기본으로 탑재된 것도, 할머니와의 추억을 세상과 나누고 싶었던 게이츠의 마음이 담긴 것이다. 또 그는 세계 정복을 목표로 하는 전략 보드게임인 '리스크(Risk)'를 통해 자원을 배분하고 영토를 확장하는 전략적 사고를 익혔다. 지는 것을 끔찍이 싫어했고, 한번 게임을 시작하면 이길 때까지 끝내지 않으려고 했다고 한다.

어린 시절 그는 '얌전한 모범생'과는 거리가 멀었다. 부모님이 감당하기 힘들어할 정도로 고집이 세고 반항적인 아이였다. 열두 살 무렵, 식탁에서 어머니와 심한 말다툼을 벌이던 빌이 선을 넘는 무례한 말을 내뱉자, 아버지는 아들의 태도에 화가 머리끝까지 나서 옆에 있던 물컵의 찬물을 그의 얼굴에 그대로 끼얹었다. 얼굴이 흠뻑 젖은 빌은 울거나 사과하지 않고, 아주 태연하게 "샤워시켜 주셔서 감사하네요."라고 비아냥거렸다. 훗날 게이츠는 이 일을 회상하며 "내가 아빠를 그렇게까지 화나게 했다는 사실에 스스로도 놀랐다."라고 고백했다.

13세 때 시애틀의 사립학교인 레이크사이드 고등학교에 다니던 시절, 학교는 당시로서는 매우 드물게 컴퓨터 단말기를 도입했다. 학교 측은 똑똑한 빌에게 학교 전체의 수업 시간표 짜는 프로그램을 만들어달라고 부

탁했다. 그는 이 기회를 놓치지 않고 몰래 프로그램 코드를 수정하여 자신이 듣는 수업에, 관심 있는 여학생들이 대거 배정되도록 설정했다. 덕분에 그는 학기 내내 여학생이 가득한 교실에서 청일점으로 수업을 듣는 흐뭇한 학교생활을 보내기도 했다.

◇ 그의 부모님은 그에게 어떤 영향을 미쳤을까?

아버지 윌리엄 게이츠는 시애틀에서 유명한 변호사로 활동했다. 그는 아들이 똑똑하다는 것을 알았지만, 지능만 높은 사람이 되길 원치 않았다. 그는 어릴 때 운동을 잘하지 못하는 빌에게 수영, 풋볼 등 아들이 소질 없는 종목에 계속 참여시켰다. 그 이유는 아들이 실패하는 법과 내가 못 하는 분야에서도 노력하는 법을 배우길 바랐기 때문이다. 덕분에 그는 "세상에는 나보다 잘난 사람이 많다."라는 사실과 끈기를 배울 수 있었다.

또 독서광 아들에게 "저녁 식사 시간에는 절대 책을 읽지 마라."라고 말하기도 했다. 지식보다 중요한 것이 가족 간의 대화와 사회성이라고 믿었기 때문이다. 아버지는 식사 시간마다 아들에게 세상 돌아가는 일에 대해 질문을 던졌고, 빌이 자신의 지식을 사람들과 소통하는 도구로 쓰게끔 유도했다.

어머니 메리 게이츠는 고집 센 아들을 끊임없이 세상 밖으로 끌어내어 사람들과 부딪히게 만든 추진력 있는 인물이었다. 아들에게 특정 주제에

                                                          1부 나는 어떤 부모인가요?

대해 자기 생각을 논리적으로 이야기하도록 했는데, 그의 천재적인 지능이 세상에서 빛을 발하려면 '소통 능력'이 필수라는 생각 때문이었다. 그녀는 시애틀의 비영리 재단 이사로 활동하며 공공의 선과 봉사의 가치를 실천했다. 사업에만 몰두하던 아들에게 나눔은 선택이 아니라 의무임을 강조했고, 결혼식 전날 편지를 읽어 주며 빌을 설득하기도 했다. 그녀는 아들의 독립적인 성향을 존중하면서도 중요한 가치 판단은 스스로 하도록 기다려 주는 부모였다.

그의 부모는 자녀 교육에서 시간 관리에 대해 "무엇을 하든 네 자유지만, 네가 쓴 시간의 결과에 대해서는 네가 책임져라."라는 원칙을 세우고, 열세 살짜리 아들이 밤늦게까지 워싱턴 대학교 컴퓨터실에서 시간을 보내는 것을 허락했다. 이는 그가 이후 엄청난 생산성과 집중력을 발휘하는 데 중요한 기반이 되었다.

◇ 그는 어떤 시간 관리 습관을 갖고 있을까?

빌 게이츠는 일론 머스크와 비슷하게 하루 일과를 5분 단위로 쪼개서 관리하는 것으로 알려져 있다. 이것은 각 작업의 중요도에 따라 필요한 만큼의 시간을 아주 세밀하게 할당하는 방식이다. 지금 해야 할 일을 고민하는 순간 에너지는 소비되는데, 미리 짜인 5분, 10분 단위의 계획대로 움직이면, '무엇을 할지' 고민하는 데 드는 뇌 에너지를 아껴 오직 '수행'에만 집중할 수 있다.

그는 몰입할 수 있는 깊은 사고 시간을 확보하기 위해 외부 방해를 차단하고 집중 작업에 매진하기도 했다. 그는 매년 1~2회, 일주일간 시애틀 외곽의 독립된 공간에 혼자 들어가 책 수십 권과 보고서만 읽고 생각하면서 미래 기술 방향, 사업 방향, 인류 문제 등을 정리하는 '생각 주간'을 갖는 것으로도 잘 알려져 있다. 모든 업무와 방해 요소에서 완전히 벗어나 고독한 환경에서 독서와 깊은 사고에만 집중하는 시간을 보낸 것이다. 이 시간은 미래 기술과 혁신에 대해 큰 그림을 그리는 데 결정적인 역할을 했다고 알려져 있다.

그는 연간 약 50권의 책을 정독하며 하루에 1~2시간을 독서에 투자한다. 그중 잠들기 전 최소 1시간 이상을 독서하는 데 보낸다. 이 시간은 깊은 사고와 학습을 위해 방해받지 않는 시간으로, 독서할 때는 메모와 마인드맵 형식으로 정리하여 사고를 확장하는 것으로도 알려져 있다.

그는 과거에 잠을 게으름이라고 생각하여 동료들과 누가 더 적게 자는지 경쟁할 정도로 밤샘 작업을 자주 했었다. 하지만 최근에는 수면의 중요성을 깨닫고 최소 7시간의 수면을 유지한다고 한다. "잠을 이 정도로 자지 못하면 창조적일 수 없다."라고 말하며 충분한 수면의 중요성을 강조한다.

이건희

> "보통 사람들은 시간을 소비하지만,
> 뛰어난 사람들은 시간을 관리한다."

이건희 회장은 부친인 이병철 삼성 창업주의 셋째 아들로, 삼성그룹을 세계적인 기업으로 성장시킨 인물이며 한국 경제와 산업에 지대한 영향을 끼친 경영자이다. 그는 초일류 삼성을 지향하며 삼성전자를 글로벌 기술 기업으로 탈바꿈시킨 주역이기도 하다. 이건희 회장이 남긴 유명한 말로는 "마누라와 자식 빼고 다 바꿔라."가 있다. 그는 시간 관리에 있어서 '양보다 질'을 중요시했다. 시간을 단순히 물리적으로 나누어 쓰는 것이 아니라, 하나의 주제가 해결될 때까지 시간의 흐름을 잊은 채 끝까지 파고드는 방식을 취했다.

◇ 그의 어린 시절은 어땠을까?

그는 1942년 여덟 남매 중 일곱째(셋째 아들)로 태어났다. 아버지 이병철 회장은 당시 이미 부유한 기업가였기 때문에 유복한 환경에서 자란 것으로 알려져 있다. 형제가 워낙 많아 가족 내에서 특별한 존재감은 크지 않았다. 유년 시절 말수가 적고 내성적인 성격이었지만, 사색을 좋아하는 아이였으며 관찰력과 분석력이 뛰어났다.

그는 초등학교 5학년의 어린 나이에 "선진국을 배워야 한다."라는 아버지의 엄명으로 혼자 일본 도쿄로 떠났다. 유학 생활 내내 가족과 떨어져 지내며 너무 외로워하는 아들을 위해 아버지는 강아지 한 마리를 보내 주셨는데, 그 강아지 이름을 '한국'이라고 지었다고 한다.

일본 유학 시절 외로움을 달래기 위해서 그는 영화에 몰입하기도 했다. 또 기계와 전자제품에 관심을 가졌고, 라디오나 기계를 분해하고 조립하는 것을 좋아했다.

그는 형들과 달리 체격이 작고 약한 체질이라 활동적이지는 못했지만, 대신 사물을 깊이 파고드는 습관이 있었다. 성격은 조용하고 신중한 편이었으며, 아버지 이병철 회장 앞에서는 먼저 말을 꺼내거나 자신의 주장을 펼치는 일은 거의 없었다. 그의 아버지도 '경청'이라는 글귀를 써주며, 남의 말을 끝까지 듣는 법을 강조하셨다. 그는 의견을 말하는 대신 아버지가 사람을 어떻게 대하는지, 결정을 어떻게 내리는지를 옆에서 묵묵히 관찰했다.

아버지 이병철 회장은 자녀 교육에 있어 매우 엄격하고 체계적인 철학을 가지고 있었다. 이병철 회장의 자녀 교육은 단순히 부유한 집안에서 자유롭게 키우는 것이 아니라, 책임감, 실력, 검소함, 인격을 강조했다. "삼성은 나라보다 오래 가야 한다."라는 철학 아래 자녀 중에서도 능력 있는 자만이 후계자가 되어야 한다고 말했다. 실제로 후계자가 결정되기 전까지 형제들 간에 치열한 경쟁이 있었고, 아버지는 감정이 아닌 냉정한 판단 기준으로 후계자를 선정했다고 한다. 자녀들을 엄격하게 교육하며 검소함, 독서, 자기 성찰을 강조했다. 매일 같은 시간에 일어나고 같은 시간에 일정을 시작하는 등 생활 리듬을 흐트러뜨리지 않는 것을 매우 중요하게 여겼다.

어머니 박두을 여사는 조용하고 절제된 성품으로, 검소하고 단정한 생활 태도를 보였다. 자녀들이 재벌가의 자제라는 선입견에 빠지지 않도록 겸손을 강조하며, 가장 엄격하게 지킨 것은 식사 예절과 시간 엄수였다. 온 가족이 함께 식사하는 자리를 통해 위아래의 질서를 가르쳤고 아무리 바빠도 식사 시간에는 늦지 않아야 한다고 교육했다. 여덟 남매가 있었지만, 자녀 1명 1명의 개성을 존중하려 했고, 막내아들이 내성적이고 조용하다고 해서 억지로 바꾸려 하지 않았다. 엄격한 아버지 밑에서 긴장할 수밖에 없던 자녀들에게 어머니는 정서적 안식처 역할을 해주셨다.

이건희 회장의 시간 관리를 한마디로 정의한다면 '본질을 향한 몰입'이라고 할 수 있다. 어떤 일을 시작하기 전 그 일에 본질을 파악하는 데 엄청난 시간을 투자했다. 시계 사업을 시작한다면 "시계란 무엇인가? 패션인가? 정밀기계인가?", 호텔업은 "서비스 사업인가? 부동산업인가?" 수개월간 고민했다. 호텔업은 '부동산업'으로, 시계업은 '패션업'으로 정의하기까지 수개월간 관련 서적을 읽고 전문가를 만났다. 본질이 파악되면 의사결정 속도는 누구보다 빨랐다. '결정 전에는 느리게, 결정 후에는 빛의 속도로' 움직이는 것이, 그의 시간 관리 핵심이었다. **그가 본질을 알아내는 데 많은 시간을 쏟는 이유는, 본질이 잘못 정의되면 이후의 모든 시간은 낭비라는 그의 철학 때문이다.**

이건희 회장을 가장 가까이에서 보필했던 사람들의 증언에 의하면, 그는 본관 사무실에 출근하는 날이 1년에 며칠 되지 않았다고 한다. 대신 한남동 승지원에서 오래 머물며 사장단 회의를 주재하기도 했다. 그는 자택 겸 집무실인 그곳에서 생활하며 신문을 탐독하고 세상을 읽었다. 그가 회사에 출근 일수가 적었던 것은 게으름 때문이 아니라 사무실의 자잘한 보고에 치여 정작 중요한 '생각'을 놓치지 않겠다는 본인만의 경영 철학 때문이었을 것이다.

이건희 회장의 루틴은 "사소한 일정에 묶이지 않고, 거대한 전략을 위해 시간을 비워두는 것"이 핵심이었다. 그는 "바쁘다는 것은 자랑이 아니다. 바쁜 사람은 생각할 시간이 없기 때문이다."라고 하며, 경영자일수록 시간을 여유 있게 쓰되 그 밀도는 누구보다 높아야 함을 몸소 보여주었다.

아버지 이병철 회장에게 시간은 철저하게 통제되어야 할 자원이었다. 매일 새벽 기상에 그날 할 일을 꼼꼼히 메모하는 것으로 하루를 시작하고, 점심시간이 되면 결재 서류를 덮을 만큼 규칙적인 삶을 보여주셨던 분. 아버지 이병철 회장이 아들에게 '규칙적인 삶'을 강조했던 이유는 이건희 회장의 '지나친 몰입'과 '기질'을 누구보다 잘 알고 계셨기 때문은 아닐까? 이건희 회장은 결국 '규칙'이라는 울타리 안에서 배운 기본기를 바탕으로, 울타리를 뛰어넘는 '몰입의 시간'을 통해 삼성을 키워냈다고 할 수 있을 것이다.

자기 확신

믿음의 태도가 아이의 가능성을 연다

아이를 키우다 보면 우리는 많은 흔들리는 순간과 마주하게 된다. "나는 잘할 수 있을까?", "잘하고 있는 걸까?", "혹시 잘못되면 어쩌지?" 이런 마음은 어른뿐만 아니라 아이에게도 늘 찾아온다. 하지만 그 순간마다 우리를 지켜 주는 힘이 있다. 그것은 바로 나에 대한 믿음, 즉 '자기 확신'이다. 자기 확신이란, 근거 없는 오만이 아니라 "나는 할 수 있다.", "나는 다시 도전할 수 있다."라는 "스스로에 대한 변함없는 믿음"이다. **마치 하루를 시작하며 스스로에게 긍정의 주문을 거는 것과 같다.** 실패와 어려움은 누구에게나 찾아온다. 하지만 자기 확신이 있는 사람은 그 실패 속에서도 배움을 찾고 다시 일어설 수 있다. 반면 자기 확신이 없는 사람은 작은 실패에도 쉽게 주저앉고 만다. 결국, 삶의 방향을 결정하는 것은 환경이 아니라 자신을 믿는 태도라고 할 수 있다.

그렇다면 자기 확신은 어떻게 길러질까? **작은 성공 경험을 쌓고, 그때**

마다 자신을 격려하는 것이다. 살아가면서 정말 필요한 친구, 그것은 바로 나 자신이다. 내가 나의 가장 친한 친구가 되어 스스로에게 긍정의 말을 건네주면 된다. "오늘은 어땠니?", "그럴 수도 있지.", "잘했어!"라고 말하고, 있는 그대로의 나를 바라봐주자. 나만의 공간을 만들어 보자. 나의 마음속 깊이 숨어 있는 감정들을 차곡차곡 문장으로 쌓아가다 보면, 한 줄 한 줄이 쌓여 나의 마음 근육이 되어, 자기도 모르는 사이 긍정의 주문을 외우게 될 것이다.

성공의 크기는 믿음의 크기에 비례한다고 한다. 이 말의 의미는 자신이 할 수 있다고 진심으로 믿을 때 어떤 일을 시도하고 도전할 수 있지만, 믿음이 없으면 아무리 능력이 있어도 시작조차 하기 어렵다는 뜻일 것이다. 믿음의 크기가 도전의 크기와 인내의 깊이를 결정하기 때문이다. 자기 확신뿐만 아니라 부모님의 자녀에 대한 믿음은 많은 성공한 인물들이 공통으로 언급하는 요소이기도 하다.

부모님의 믿음은 자녀에게 자신감을 심어주고 도전할 수 있는 용기를 북돋아 주는 중요한 역할을 한다. 부모의 믿음은 자녀에게 강력한 자존감과 회복 탄력성을 심어줄 수 있다. 이는 자녀가 자신의 역량을 극대화하고 어려움을 극복하는 데 중요한 힘이 될 수 있다.

수천 번의 실패에도 좌절하지 않고, 모든 시도를 "또 하나의 발견"이라 말했던 사람. 어머니의 신뢰 속에서 자신의 가능성을 끝까지 밀어붙이며 '자기 확신이 곧 발명의 시작'임을 증명한 **토머스 에디슨.** 환경보다 먼저 자기 가치를 믿으며 성공보다 '나답게 살아가는 과정'을 중요하게 여겼던 **미셸 오바마.** 아이를 위해 모든 것을 희생하는 대신, 부모 자신의 내면을 돌보는 것이 결국 아이에게 더 깊은 안정과 사랑을 전한다는 사실을 글과 강연으로 알려온 **박혜란** 작가.

환경보다 믿음을 선택한 사람들. 그 확신이 어떤 미래를 만드는지 함께 살펴보자.

토머스 에디슨

Thomas Edison

1만 번의 실패 앞에서 "안 되는 방법 10,000가지를 발견했을 뿐"이라고 말할 만큼 압도적인 자기 확신을 가진 에디슨. 그는 자신을 믿고, 모두가 불가능하다고 했던 백열전구와 축음기(소리 녹음), 영상기(영화의 시초)를 끝내 세상에 내놓으며 현대 문명의 기틀을 닦았다. 그의 일생은 '확신을 증명하기 위한 실험의 연속'이었다. 그는 천 개가 넘는 특허를 통해 자신의 비전을 현실로 증명해 냈다. 그는 '연구소 시스템'을 만들어 혼자서 발명하는 시대를 끝냈다는 평가를 받는다. 자신의 발명을 상업화하는 데 매우 능숙한 사업가였다. 아이디어를 돈으로 바꾸고 그 돈을 다시 연구에 투자하는 선순환 구조를 만들 줄 아는 전략가였다.

◇ **그의 어린 시절은 어땠을까?**

그는 1847년 미국 오하이오주에서 태어났다. 가정은 부유하지는 않았지만, 중산층 정도로 교육과 독서를 중요하게 여기는 분위기였다. 정규 학교 교육은 단 3개월밖에 받지 못했는데, 선생님이 에디슨을 산만하고 학습 부진아로 평가했기 때문이다. 에디슨은 질문이 많고 호기심이 넘치는 아이였지만, 당시의 주입식 교육 방식과는 맞지 않았다. 하지만 그의 어머니는 아들에게 "너는 남들보다 훨씬 똑똑한 아이란다."라는 확신을 심어주며 집에서 가르쳤고, 이 전폭적인 지지가 에디슨이 평생 세상의 시선에 흔들리지 않는 근간이 되었다.

그의 가장 유명한 일화가 있다. 거위가 알을 품어 새끼를 까는 것을 보고 어린 에디슨은 "나도 할 수 있다."라고 믿었고, 이웃집 창고에서 거위알을 직접 품고 몇 시간 동안 앉아 있다가 발견된 일이다. 남들이 비웃는 일일지라도 그는 직접 확인해 보기 전까지는 믿지 않는 특유의 '실험 정신'을 보여주는 사건이다.

◇ **그의 부모님은 그에게 어떤 영향을 미쳤을까?**

어머니 낸시 에디슨은 전직 교사로서 에디슨에게 결정적인 영향을 미쳤다. 학교에서 쫓겨나다시피 한 에디슨을 직접 가정에서 교육하기로 결심하고, 독서와 실험을 장려하며 자기 주도 학습을 할 수 있도록 도왔다. 어머니는 그의 호기심을 긍정적으로 받아들이고 질문을 막지 않고 격려해주며, "너는 특별한 아이야."라고 말해주었다.

아버지 사무엘 에디슨은 매우 엄격하고 현실적인 사람이었다. 아들의 엉뚱함을 게으름이나 모자람으로 보기도 했다. 그의 아버지는 아들이 학교에서 적응하지 못하고 엉뚱한 짓을 할 때마다 매를 들 정도로 엄격했다. 아들이 집에서 책만 읽거나 실험에 돈을 쓰는 것을 못마땅하게 여겼다. 그의 아버지는 그에게 그냥 용돈을 주기보다 직접 나가서 실험 비용을 벌어오라고 했다. 그래서 에디슨은 열두 살 때부터 기차에서 신문을 팔며 스스로 실험 자금을 마련해야 했다. 그의 아버지는 "지식은 공짜가 아니며, 네가 하고 싶은 일을 하려면 스스로 그 대가를 지불해야 한다."라는 철저한 자립정신을 심어주었다. 또 아들이 허무맹랑한 공상에 빠지는 것을 경계하고, 그것이 어떻게 쓸모가 있는지를 늘 확인하려 했다. 훗날 에디슨은 아버지의 엄격함 덕분에 "세상은 만만치 않으며, 내 확신을 증명하려면 남들보다 더 독해져야 한다."라는 사실을 깨달았다고 밝혔다. 이는 그가 1만 번의 실패에도 굴하지 않는 독한 실행력의 밑거름이 되기도 했다.

◇ 그는 어떻게 자기 확신 습관이 생겼을까?

에디슨의 자기 확신은 타고난 성격도 있지만, 어린 시절부터 반복된 세 가지 핵심 경험을 통해 굳어진 습관으로 볼 수 있다. 그의 자기 확신에 가장 중요한 역할을 한 사람은 어머니였다. 학교 선생님이 "이 아이는 질문이 많고 산만해 가르칠 수 없다."라고 했을 때, 어머니는 학교를 찾아가 선생님의 무례한 표현에 격분하고 아들의 질문이 '지능 부족'이 아니라, '호기심'이라는 것을 확신하며 즉시 자퇴를 결정했다. 에디슨은 성인이 된 후 "어머니는 나를 만드신 분이다. 나를 아주 진실하게 믿어주셨고, 누군가가 나를 믿어주고 있다는 사실을 저버리지 않기 위해 무엇인가가 되어야만 했다."라고 말한 바 있다.

에디슨은 직접 해보기 전까진 믿지 않는 실험 습관이 있었다.

에디슨은 전구를 발명하기까지 천 번이 넘는 실패를 겪었다. 그러나 그는 "나는 실패한 것이 아니다. 작동하지 않는 1,000가지 방법을 발견한 것일 뿐이다."라고 말하며 실패 속에서도 성공을 믿었다. "지식은 경험에서 온다."라고 믿었고, 교과서보다 실험을 더 중요하게 여겼다. 그는 하루 18시간씩 실험에 몰두하며 자신이 옳다고 믿는 방향으로 꾸준히 전진했다. 인내와 반복을 통해 결국 원하는 결과를 만들어낼 수 있다고 믿었다. 그는 좋은 아이디어를 얻기 위해서는 많은 아이디어가 필요하다고 믿으며, 스스로 일정한 발명 목표를 설정하여 자신에게 압박을 가함으로써 생산성을 유지하기도 했다. 예를 들어, 소규모 발명은 10일마다, 대규모 발명은 6개월마다 아이디어를 내는 방식을 택했다.

그는 자신의 능력으로 돈을 벌어본 성공 경험을 통해 '내 아이디어로 돈을 벌 수 있다'는 사실을 체득했다. 12살 때 기차에서 신문을 팔며 스스로 실험 비용을 벌었는데, 열다섯 살이 되던 1862년에 그는 직접 신문을 만들기로 결심했다. 당시 미국은 남북전쟁 중이라 최신 뉴스에 대한 수요가 엄청났다. 에디슨은 남들이 만든 신문을 파는 것보다, 기차 노선을 따라 들어오는 실시간 정보를 직접 가공해 파는 것이 더 이득이라는 확신을 가졌다. 그는 낡은 소형 인쇄기를 구입해 자신이 실험실로 쓰던 기차 수화물 칸에 설치했다. 그리고 직접 기사 작성, 편집, 인쇄를 도맡아 〈주간 헤럴드〉라는 신문을 발행했다. 신문을 파는 것에 그치지 않고 직접 정보를 수집해 신문을 인쇄해서 팔아 큰 수익을 남긴 것이다. 이 사업으로 번 돈은, 에디슨이 아버지의 눈치를 보지 않고 마음껏 실험 기구를 살 수 있는 경제적 자유를 선사했다. 이 성공의 기억이 "내 아이디어는 현실이 될 수 있다."라는 강력한 자기 확신 습관을 만들었다.

토머스 에디슨의 자기 확신은 결코 우연히 생긴 것이 아니었다. 그의 확신은 성장 환경, 어린 시절 경험, 사고방식, 그리고 실천의 반복을 통해 체계적으로 형성되었다. 외부의 비난은 무시하고 내면의 목소리 (어머니의 지지)에 집중했고, 의심이 생기면 즉시 실험하여 나만의 데이터를 만들었다. 그리고 작은 성공의 경험을 통해 내 확신이 가치가 있음을 삶으로 증명했다.

미셸 오바마

Michelle Obama

> "스스로 자신을 정의하지 않으면,
> 타인에 의해 빠르고 부정확하게 정의될 것이다."

그녀는 법률가, 공직자, 44대 미국 영부인이자 작가이고 활동가로서 다양한 분야에서 큰 변화를 끌어낸 인물이다. 미셸 오바마는 영부인의 역할 이후에도 활발히 활동하며 건강한 삶, 교육 기회 확대, 여성 지도력, 사회 통합을 위한 다양한 프로젝트를 이끌며 지금도 영향력을 넓히고 있다.

◇ 그녀의 어린 시절은 어땠을까?

1964년 미국 일리노이주 시카고 남부 지역에서 태어난 그녀는 어린 시절부터 끊임없이 "나는 충분히 가치 있는 사람인가?"라는 질문에 맞서야 했다. 시카고 남부의 흑인 밀집 지역에서 자라면서 미셸은 늘 사회적 편견과 환경의 한계를 마주했다. 그녀가 다니던 학교의 교사조차 "프린스턴에 지원한다니 너무 큰 꿈이 아니냐?"라고 말할 정도였다. 그런 말을 들을 때마다 미셸은 스스로에게 묻는 습관이 생겼다고 한다. "나는 충분히 똑똑할까?", "나는 정말 저기 들어갈 자격이 있을까?", "나는 충분히 가치 있는 사람일까?"

그녀는 그 질문을 피하지 않았다. 오히려 그 의심에 맞서 싸우는 법을 배웠다. "나는 충분히 가치 있는 사람이다."라고 스스로에게 되뇌며, 불안 대신 노력으로, 두려움 대신 준비로 자신을 증명해 냈다.

그녀의 가정은 겉으로 보기에는 넉넉하지 않았다. 시카고의 소박한 방 두 칸짜리 집에서 자랐으며, 그녀와 오빠 크레이그는 거실을 반으로 나눈 공간에서 함께 지냈다. 하지만 그 공간에는 늘 웃음과 대화가 넘쳤고, 가난보다 사랑이 훨씬 더 컸다고 회상한다. 그녀의 이모는 동네에서 엄격하기로 유명한 피아노 선생님이었는데, 미셸과 크레이그도 이모에게 피아노 개인지도를 받았다. 이모는 아이들이 실수하면 바로 지적하고, 정해진 규칙을 따르지 않으면 불호령을 내리는 스타일이었다. 하지만 미셸은 이모의 엄격함에 위축되기보다 오히려 '한 번의 실수도 없이 완벽하게 해내서 이모를 놀라게 하겠다'라는 오기를 가졌다. 이때부터 그녀 특유의 치밀한 준비성과 완벽주의가 싹트기 시작했다.

그녀의 집에는 늘 가구용 광택제(폴리시) 냄새가 났는데 어머니가 청소하기 위해 바닥에 광택제를 바르면, 미셸과 오빠는 양말을 신고 미끄러지

듯 달렸다. 마룻바닥 위에서 두 아이는 스케이트 선수처럼 움직이며 놀았고, 청소는 노동이 아니라 즐거운 놀이가 될 수 있었다. 미셸의 부모님은 두 아이를 성인처럼 존중하며 대화 중심의 훈육을 했다. 가족들이 저녁 식탁에 모여 함께 식사하고 대화를 나누는 시간이 많았다고 한다.

그녀는 어린 시절부터 두뇌 회전이 빠르고 학문적 성취가 뛰어났으며, 초등학교 때부터 영재반에 참가했다. 고등학교는 1981년 우수한 성적으로 졸업했다. 그녀는 오빠 크레이그의 발자취를 따라 프린스턴 대학교에 입학해 사회학을 전공하며 우등생으로 졸업했다. 이어 하버드 로스쿨을 졸업한 후 시카고의 한 법률회사에 입사하였고, 그곳에서 버락 오바마를 만났다.

◇ 그녀의 부모님은 그녀에게 어떤 영향을 미쳤을까?

그녀의 아버지는 시카고 상수도 공장의 펌프 장비를 관리하고 운전하는 기술직 공무원으로 근무했으며, 중산층 흑인 가정에서 지랐다. 대학을 졸업하지는 않았지만, 자녀들의 교육을 철저히 지원했고 민주당 지역 정치에 참여하며 딸에게 사회적 책임감을 심어주었다. 아버지는 다발성 경화증 진단을 받은 후 다리가 불편해져 나중에는 목발에 의지해야 했다. 매일 아침 옷을 입는 것이 고통스러운 일이었지만, 그는 묵묵히 일하러 나가셨다. 미셸은 아버지의 뒷모습을 보며 "어떤 장애물도 변명이 될 수 없다."라

                                    1부 나는 어떤 부모인가요?

는 강력한 의지를 다졌다. 미셸이 공부하다 지칠 때마다 떠올린 것은 하버드의 천재들이 아니라, 불편한 다리로 출근하던 아버지의 모습이었다.

그녀의 어머니는 초기에는 사무원으로 일했으나, 미셸이 고등학교에 입학할 때부터 전업주부로 전향했다. 어린 나이부터 미셸과 오빠인 크레이그에게 알람 시계 사용법을 알려주었고 스스로 등교하기 같은 책임감을 심어주며 독립적인 삶을 살도록 가르쳤다. 미셸은 "내가 할 수 있다고 엄마가 믿어주셨기 때문에, 나도 스스로 할 수 있는 사람이라고 느꼈다."라고 말했다. 아버지의 투병과 지속적인 노동, 어머니의 엄격하면서도 따뜻한 교육은 어려움 앞에서 포기하지 않고 나아가는 태도를 길러주었다. 이를 통해 미셸도 삶의 장애물을 잠깐의 지연으로 받아들이게 되었다.

그녀의 어머니는 아이들 앞에서 완벽하지 않음을 솔직하게 말했다. "이거 내가 제대로 하는 건지 모르겠다."라는 고백은 부모로서의 완벽함보다 진솔함과 인간적인 정직함의 가치를 배울 수 있었다. 하루하루를 함께 모여 식사하고 가족의 이야기에 귀 기울여 준 그녀의 작은 일상이 미셸에게 평범한 일의 위대함을 알게 해주었고 뿌리 깊은 자존감을 심어준 것으로 보인다.

어린 시절 미셸은 교실에서 다른 학생들과 다르다는 사실을 강하게 자각했다. 경제적 격차, 인종적 편견 등으로 열등감을 느꼈다. 프린스턴 대학교에 입학했을 때 다른 학생들은 화려한 브랜드 옷을 입고, 방학마다 유럽 여행을 다니며, 부모님이 사준 개인용 컴퓨터를 가지고 있었다. 반면 그녀는 시카고 노동자 계층 출신으로, 아버지가 몸이 아픈 와중에도 힘들게 벌어온 돈으로 학비를 충당해야 했다. "이 화려한 곳에 내가 정말 어울리는 사람인가?"라는 의구심이 그녀를 괴롭혔다. 당시 백인 남성 중심의 문화가 지배적인 학교에서 교수나 동료 학생들은 미셸의 의견을 진지하게 듣지 않거나 그녀를 마치 '없는 사람'처럼 대할 때가 많았다. 흑인 여성이 그런 명문대에 온 것은 실력이 아니라 '소수자 배려 정책' 덕분일 것이라는 편견 어린 시선이 존재했다. 실력을 증명하기도 전에 이미 '부족한 사람'으로 낙인찍힌 것 같은 기분이 그녀의 자존감을 공격했다.

하지만 그녀는 아주 영리한 방식으로 자기 확신을 되찾았다. 그녀는 수업 시간에 적극적으로 손을 들어 질문하는 백인 학생들을 관찰하며 중요한 사실을 깨달았다. "그들이 똑똑해서 손을 드는 게 아니라, 단지 자신감이 넘칠 뿐이다. 내 실력은 결코 그들에게 뒤처지지 않는다." 이 깨달음이 그녀의 인생을 바꾼 결정적 전환점이 되었다. 이후 그녀는 열등감을 느낄 때마다 감정적으로 대응하는 대신, 압도적인 성적이라는 결과물을 만드는

데 몰두했다. "사람들이 내 배경을 보고 의심할 때, 내 성적표와 커리어가 대신 대답하게 하겠다."라는 전략이었다. 하버드 로스쿨 진학은 그 노력이 만들어낸 가장 강력한 증명서였다. 흑인 여성이라는 편견을 이기기 위해 그녀는 남들보다 두 배로 공부했다. 하버드 로스쿨로 진학하며 그녀는 열등감을 추진력으로 바꾸었다.

하버드 로스쿨에 가서도 그녀는 여전히 "내가 여기 있어도 되나?"라는 의구심을 느꼈다고 한다. 하지만 이때부터는 그 불안을 다르게 해석하기 시작했다. "불안을 느낀다는 건 내가 지금 내 한계를 넘어서는 아주 높은 곳에 와 있다는 증거다."라고 생각했다. 그리고 불안이 올 때마다 "좋아, 내가 지금 성장하고 있구나." 자신을 다독이며, 에너지를 리포트 작성과 토론 준비에 쏟아부었다. 그녀가 하버드를 졸업하고 대형 로펌 변호사가 되었을 때, 그녀는 확신했다. 자신의 가치는 타인의 시선이 아니라 자신이 쌓아 온 시간과 노력으로 결정된다는 것을.

<u>**"타인의 비난에 에너지를 빼앗기지 않고, 자신이 누구인지를 분명히 아는 확신이 자신감의 근원이다."**</u>라고 그녀는 말한다. 그녀는 불확실성에 대한 두려움보다 가능성에 집중할 것을 강조한다. 그녀는 자신의 삶을 'Becoming(되어감)'이라고 표현한다. 끊임없이 성장하고 나아가는 과정 가운데 자신감을 얻는다고 강조한다. 딸들에게도 언제나 자기의 생각을

말할 권리가 있음을 강조한다. "너희 목소리는 중요하다. 설령 사람들이 동의하지 않아도 말할 가치는 있다."라는 메시지를 자녀들에게 전한다. 토론과 대화를 통해 스스로 의견을 표현하도록 유도하기도 한다. 흑인 여성으로서 자신이 겪었던 차별 경험을 솔직하게 이야기하며, 딸들에게도 자신의 배경을 자랑스러워하라고 말한다.

박혜란

작가, 여성학자, 교육자

> "완벽한 부모가 되려 하지 마라.
> 아이에게 필요한 것은 완벽한 부모가 아니라
> 자기 삶을 즐겁게 살아가는 행복한 부모다."

그녀는 30년 동안 자녀 교육에 관한 3,000여 회의 강연과 열세 권의 책을 펴낸 우리나라 1세대 여성학자이자, 대한민국을 대표하는 자녀 교육 멘토이다. 세 아들을 모두 서울대학교에 진학시킨 경험을 바탕으로 자녀 교육에 대한 깊은 통찰을 공유해 온 그녀는 대표 저서 『믿는 만큼 자라는 아이들』에서 자녀 교육 철학의 핵심은 아이를 믿고 스스로 자신의 길을 찾도록 인내하며 지켜보는 것이라고 말한다. 자녀를 나의 분신이 아닌 독립된 인격체로 바라보며, 아이가 스스로 성장할 수 있도록 믿고 기다리라고 말한다. 그녀는 아이를 키우는 것이 아니라 아이가 자라도록 지켜보는 것이 부모의 역할이라고 믿는다.

◇ 그녀의 어린 시절은 어땠을까?

박혜란 작가는 1946년 5남매 중 넷째 딸로 태어났다. 어린 시절에 관한 공개된 자료는 많지 않지만, 그녀의 저서와 강연에서 언급된 내용을 통해 일부 알 수 있다. 그녀는 해방 직후에 혼란기와 유아기에 6.25를 겪었다. 집안 형편이 넉넉하지는 않았지만, 손에 잡히는 모든 책을 읽었다고 한다. 만화책부터 세계 문학에 이르기까지 폭넓은 독서를 통해 세상에 대한 호기심을 충족했다. 학교 공부에 매진하기보다 책 읽기에 몰입했음에도 불구하고, 스스로 읽고 깨우치는 습관 덕분에 학업 성적도 우수했다. 그녀는 경기여자고등학교를 거쳐 서울대학교 독어독문학과에 진학했다. 그녀는 겉으로는 '엘리트 코스'를 밟는 모범생이었으나, 내면적으로는 기성세대의 고정관념이나 여성에게 강요되는 현모양처의 삶에 대해 끊임없이 의문을 제기하는 독립적인 성향을 보였다.

◇ 그녀의 부모님은 그녀에게 어떤 영향을 미쳤을까?

박혜란 작가의 부모에 대한 직접적인 공개 정보는 많지 않지만, 역시 그녀의 저서와 강연에서 언급된 내용을 통해 일부 알 수 있다. 그녀의 육아 철학과 성장 배경에는 부모님, 특히 어머니의 영향이 깊이 반영된 것으로 보인다. 그녀는 기다림을 통해 아이들이 스스로 행동하도록 격려했는데, 이는 어린 시절 부모가 직접 개입하기보다 자율적인 성장을 중시한 환경에서 자랐기 때문에 가능한 방식일 수 있다. 그녀의 부모님은 실제로 자녀들에게 "공부해라", "1등 해라" 같은 압박을 전혀 주지 않았다고 한다. "부모님이 나를 한 번도 들들 볶지 않았기에 나 또한 아이들을 볶지 않을 수 있었다."라고 그녀는 말한다.

부모님은 특별한 훈계 대신 "너는 너대로 잘할 것이다."라는 강한 신뢰를 보여주셨다. 그 신뢰는 박혜란 작가가 자존감 높은 아이로 자라고 서울대에 진학하고 기자 생활을 이어가는 원동력이 되었을 것으로 보인다. 그녀의 집안 분위기는 매우 민주적이었다고 한다. 부모님은 자녀를 부모의 소유물이 아닌 독립된 인격체로 대우했다. 딸이 책에 빠져 지내는 것을 흐뭇하게 바라보며 방해하지 않았다고 한다.

그녀가 젊은 엄마들에게 전한 조언 중 '걱정이 많으면 아이에게 불안이 전염된다'라는 메시지는 부모님의 낙천적인 삶의 태도가 그대로 이어진 모습이다. 이는 자신의 감정을 잘 관리하고 긍정적인 분위기를 유지했던 부모님의 영향이 반영된 결과로 보인다. 박혜란 작가는 자신의 부모님에 대해 이렇게 말한다. "우리 부모님은 나를 '귀한 손님'처럼 대접해 주셨다. 덕분에 나는 내 인생의 주인으로 살 수 있었고, 내 아이들에게도 그 자유를 물려줄 수 있었다."

세 아들을 서울대에 보낸 '엄마'로 유명해지기 전부터 그녀는, '누구의 엄마'가 아닌 '박혜란'이라는 이름으로 서 있겠다는 의지가 확고했다. 10년간 전업주부로 살다가 다시 여성학 공부를 시작한 것이다. 내가 행복하고 나 자신이 바로 서야 아이들도 행복할 수 있다고 믿었다. 그녀는 아이들에게 모든 것을 쏟아붓는 '희생적 모성'이 오히려 아이와 엄마 모두를 힘들게 한다고 말한다. 그녀의 부모님이 자신을 믿어주었던 것처럼, 그녀 역시 아이들을 하나의 독립된 우주로 보았다. 아이를 부모가 만든 설계도대로 키우려 하지 않아도, 아이는 스스로 생존하고 성장할 수 있는 본능적인 에너지가 있다는 믿음이다. 그래서 그녀는 아이의 성적표에 일희일비하지 않고 "너는 결국 네 길을 찾을 것"이라는 태도를 유지할 수 있었다.

오늘 하루를 즐겁게 살고, 자신이 좋아하는 일에 몰입하는 과정 자체가 성공이라는 믿음 이 확신 덕분에 그녀는 타인의 시선이나 사회적 기준에 흔들리지 않는 단단한 내면을 가질 수 있었다. 그녀의 자기 확신은 타인에 대한 믿음과 자신의 성장에 대한 책임이 맞물려 있는 상태이다. **내가 나를 믿고 내 삶을 충실히 살면, 아이들은 그 뒷모습을 보며 자신의 삶을 일궈나갈 것이라는 신뢰에 대한 확신인 것이다.**

생각

질문하는 부모가 아이의 사고 폭을 넓힌다

아이를 키우다 보면 끝없는 질문에 웃음이 나올 때도 있고, 때로는 지칠 때도 있다.

"엄마, 하늘은 왜 파란 거야?", "엄마, 왜 비가 와?", "엄마, 그러면 구름은 왜 있어?", "엄마, 공부는 왜 해?", "엄마, 사람은 왜 죽어?", "엄마, 학교는 왜 있는 거야?"

처음에 한두 가지 질문에는 잘 대답해 주다가 질문이 계속 많아지면, 모두 다 대답해 주기 귀찮아 "그냥 원래 그런 거야."라고 넘길 때가 있다. 하지만 바로 그 질문 속에서 아이의 생각이 자라고 있다.

생각하는 습관은 단순히 머리를 쓰는 것을 넘어 세상을 바라보는 시야를 넓혀준다. 문제를 깊이 탐구하는 능력을 길러준다. 질문은 생각의 출발점이며, 깊이 있는 질문은 깊은 사고로 이어질 수 있다. 아이가 던지는 사소한 질문을 존중할 때, 그 아이는 세상을 새롭게 바라보고 자신만의 답을 찾아나간다.

그렇다면 깊이 생각하는 습관은 어떻게 기를 수 있을까?

스스로에게 매일 '왜?'라고 질문해 보는 것이 좋다. 단순한 일상에서도 '왜 이것이 중요한가?'라고 물으며 생각의 깊이를 한 단계 더할 수 있다. 또 생각을 글로 표현하면 머릿속에 흐릿하게 떠오르던 사고가 더욱 선명해진다. 우리의 머릿속 생각은 얕고 아주 빠르다. 하지만 그 생각을 글로 옮기는 순간 생각은 느려지고 정리된다.

사색과 명상의 시간도 꼭 필요하다. 명상과 사색은 바쁘게 흘러가는 일상 속에서 나를 잃지 않게 해준다. 우리는 하루 종일 자극 속에 살며 자동으로 반응한다. 명상과 사색은 그 반응의 거리를 넓혀서 충동이 아니라 선택으로 삶을 살게 만들어 준다. 깊은 생각은 소음에서 자라지 않는다.

역사를 바꾼 위대한 인물 아인슈타인, 수많은 투자자 · 기업가 · 리더들의 사고방식을 바꾼 찰리 멍거. 역사를 이해하는 틀을 바꾼 유발 하라리. 이들 역시 모두 질문에서 출발했다.

"시간과 공간은 정말 절대적인 것일까?"라는 질문을 품었던 물리학자 **아인슈타인.**

　　　　　　　　　　1부 나는 어떤 부모인가요?

늘 "왜?"라고 묻고 본질을 꿰뚫으며 투자 철학을 세운 **찰리 멍거.**

"인류는 어디에서 왔으며 어디로 가는가?"라는 질문을 던져 세계적인 사상가가 된 **유발 하라리.** 이 세 사람의 삶을 통해 깊은 질문이 어떻게 사고의 지평을 넓히고, 궁극적으로 세상을 바꾸는 힘이 되는지 알아보자.

알베르트 아인슈타인

Albert Einstein

> "나는 특별한 재능은 없지만,
> 열정적으로 궁금해할 뿐이다."

알베르트 아인슈타인은 20세기 위대한 물리학자 중 1명으로, 상대성 이론을 통해 과학의 패러다임을 바꾼 인물이다. 단순한 과학자를 넘어 인류애, 철학, 평화, 호기심, 상상력의 중요성을 강조한 깊은 사상가이자 인문주의자이기도 하다. 아인슈타인의 사고 습관은 그의 과학적 발견과 인류에 지대한 영향을 미쳤다.

◇ 그의 어린 시절은 어땠을까?

1879년 독일 울름에서 태어난 그는 유대계 가정에서 자랐으며, 말이 늦게 트였다. 말을 시작한 후에도 자기 생각을 되뇌듯 속삭이며 말해서, 주변 사람들은 그를 지능이 낮은 아이로 오해하기도 했다. 4~5살 무렵 아버지로부터 나침반을 선물 받았는데, '왜 바늘이 항상 같은 방향을 가리키지?'라고 의문이 생기며 보이지 않는 힘(중력, 자기력 등)에 깊은 호기심을 품게 되었다.

또래와 비교하면 말을 적게 하고 감정 표현이 적었던 아인슈타인은 혼자 책을 읽고 생각하는 것을 좋아하는 아이였다. 장난감보다 수학 문제나 사물의 원리를 탐구하는 데 더 큰 흥미를 보였다. 6세 때부터 어머니의 지도로 바이올린을 배우기 시작했는데, 초기에는 싫어했으나 이후 모차르트의 음악을 접하면서 스스로 연주에 몰입하기 시작했다.

초등학교 시절, 아인슈타인은 엄격하고 암기 위주의 교육 환경에서 자랐다. 그는 질문을 많이 하고 권위에 의문을 제기하는 성향 때문에 교사들과 갈등을 겪기도 했다. 한 교사는 그에게 "너는 아무것도 되지 못할 거야!"라고 말하기도 했다. 그러나 그는 혼자서 기하학, 대수학, 과학 서적을 독학하며 놀라운 이해력을 발휘했다.

12세 때 친구 아버지에게서 기하학 책을 빌려 한 달 만에 고등 수준의 수학 내용을 이해하기도 했다. 수학과 과학 문제를 스스로 만들어 풀면서 개념 자체를 즐겼다. 14세에는 칸트 등 철학서를 읽기 시작하며 논리적 사고와 형이상학에 관심을 보였고, 바람, 별, 물결, 빛의 반사 등 자연 현상을 끊임없이 질문하고 관찰하는 아이였다. 그의 어린 시절은 겉보기에는 평범하거나 오히려 '조용하고 느린 아이'로 보였지만, 그 안에는 깊은 사유와 끊임없는 질문, 독특한 몰입력과 호기심이 자라고 있었다.

◇ 그의 부모님은 그에게 어떤 영향을 미쳤을까?

아버지 헤르만 아인슈타인은 조용하고 온화한 성격의 유대계 독일인이었으며, 기술을 익혀 작은 전기 설비 회사를 운영하는 사업가였다. 어린 아인슈타인에게 나침반을 처음 보여주었는데, 이것은 눈에 보이지 않는 힘에 대한 아인슈타인의 평생 호기심을 자극했다. 아인슈타인은 후에 "내가 진리를 사랑하게 된 것은 어릴 적 나침반 속 보이지 않는 힘의 존재를 본 순간부터였다."라고 말했다. 아버지는 아들의 관심을 지지하며 자유롭게 탐구할 수 있는 분위기를 만들어 주셨고, 재정적 어려움 속에서도 책 읽기, 생각하기를 통해 창의성이 발현되도록 그를 존중해 주었다.

어머니 파울리네 아인슈타인은 독일의 부유한 가정에서 자라며, 정식으로 피아노 교육을 받았다. 전문적인 피아노 연주자는 아니었지만, 능숙하게 피아노를 연주하는 아마추어 음악가였다. 그녀의 음악 교육에 대한 열정이 자녀 교육에 깊이 반영되어 있다. 그녀는 집에서도 자주 피아노를 연주했고, 음악 교육을 매우 중요하게 여겨 아들에게 바이올린 수업을 시켰다. 아인슈타인은 "삶이 괴로울 때마다 나는 바이올린을 켰고, 어느 순간 해답이 떠오르곤 했다."라고 말했다. 그녀는 아들에게 독립적이고 논리적인 사고를 중요시했고, 아들의 교육과 학문적 열정에 실질적인 조언을 해

　　　　　　　　　　　　　　　　　　　　　　　1부 나는 어떤 부모인가요?

주기도 했다. 아들의 학업 성과에 대해 높은 기준을 설정하고 때로는 엄격했지만, 그것은 그의 성장에 중요한 자극제가 되었다.

그들 부모는 정해진 길보다 아들의 호기심을 존중하고 지지했으며, 사업 실패 속에서도 학문에 대한 열정을 유지할 수 있도록 도왔다. 특히 억압보다는 격려를, 틀에 박힌 교육보다는 자유로운 탐구 정신을 중시했다. 그 가정의 분위기가 아인슈타인의 창의적 사고를 키운 밑바탕이 되었다고 할 수 있다.

◇ 그는 어떤 사고 습관을 갖고 있을까?

아인슈타인은 상상력과 직관을 중시하는 사고 습관을 지니고 있었다. "지식에는 한계가 있지만, 상상력은 세상을 품는다."라고 말하며 상상력은 지식보다 중요하다고 생각했다. 그는 '빛보다 더 빨리 움직일 수 있을까?'라는 질문을 품고, 광선을 타고 달리는 상상 실험을 자주 수행했다. 상상 실험은 실제로 실험하지 않고 머릿속에서 논리적으로 상황을 가정하여 실험해 보는 사고방식이다. 현실에서는 불가능하거나 어려운 실험을 논리와 상상력을 통해 마음속에서 시뮬레이션하는 것이다.

아인슈타인은 16세 무렵 다음과 같은 질문을 하며 상상 실험을 했다. "내가 빛의 속도로 달리는 광선을 따라간다면, 그 빛은 어떻게 보일까?"

이 상상 실험은 '빛의 속도는 관찰자와 무관하게 일정하다'라는 전제를 바탕으로 진행되었으며, 이것은 아인슈타인의 상대성 이론의 기초가 되었다. 그는 또 '중력과 가속을 어떻게 구분할 수 있을까?'라는 질문에서 출발하여 "만약 엘리베이터가 자유 낙하 중이라면, 그 안에 있는 사람은 떠 있는 것처럼 느낄 것이다. 그리고 중력의 영향이 사라진 것처럼 느껴지지 않을까?"라고 스스로에게 물었고, '중력과 가속은 구별할 수 없다'는 결론에 도달했다. 이것이 바로 일반 상대성 이론의 등가 원리가 되었다.

그는 혼자 걷거나 악기를 연주하면서 생각을 정리하기도 했다. '시간이란 정확히 무엇인가?', '동시에 일어난다는 것은 어떤 의미인가?' 등의 질문을 던지며 아인슈타인은 음악과 산책을 통해 뇌를 쉬게 하면서, 동시에 가장 깊이 있는 생각을 한 셈이다.

그는 친구이자 수학자 자크 아다마르에게 "나는 대부분의 생각을 단어가 아닌 이미지와 느낌으로 한다."라고 말했는데, 이는 개념을 '이미지'로 떠올리고 그것을 수식으로 옮기는 방식으로 사고했음을 보여준다.

그는 느리고 깊이 생각하는 습관을 지녔다. 즉흥적인 결정이나 반응을 피하고, <u>오랜 시간 동안 하나의 문제를 곱씹으며 고민했으며, 빠르기보다는 깊이를 중시하는 방식으로 문제를 해결해 나갔다.</u> 그는 "나는 하루에 수백 가지 생각을 하지만, 대부분은 잘못된 것이다. 그러나 한두 개가 맞다면 그것으로 충분하다."라고 말하기도 했다.

찰리 멍거

Charlie Munger

> "매일 깨어날 때마다 조금 더 현명해지기 위해 노력하라.
> 긴 삶을 산다면, 결국 사람은
> 스스로 받을 자격이 있는 것을 얻게 된다."

찰리 멍거는 버크셔 해서웨이의 부회장이자 워런 버핏의 평생 파트너로, '다르게 생각하는 습관'을 통해 탁월한 투자 성과와 지혜로운 삶을 실현한 인물이다. 그는 문제를 다양한 관점에서 바라보는 '역사적 고려'와 '거꾸로 생각하기'를 강조한다. '성공하려면 어떻게 해야 할까?'보다는 '실패하려면 어떻게 해야 할까?'를 먼저 생각함으로써 실패 요인을 제거하고 성공 확률을 높이는 전략을 취하며, 여방향으로 해결책을 찾는 습관을 키웠다. 그는 독서와 사색을 통해 생각을 정리하고 의사결정을 하며 "하나의 시각으로만 세상을 보면 바보가 된다."라고 말한다.

◇ 그의 어린 시절은 어땠을까?

1924년 미국 네브래스카주 오마하에서 태어난 그는 10대 시절, 워런 버핏의 할아버지가 운영하는 식료품점에서 우연히 아르바이트하며 일찍이 사람과 돈의 흐름을 배웠다. 임금은 적었고 일은 많았지만, 다양한 사람들을 관찰하며 인간의 다양성이 무엇인지 처음으로 깨달았다. 그의 어린 시절 경험은 돈의 가치, 고객 응대, 신뢰의 중요성을 몸소 체득한 시기이기도 하다. 네브래스카의 중서부 문화는 근면과 절제를 강조했는데, 이는 멍거의 사고방식과 행동에 큰 영향을 미쳤다. 그는 아버지의 서재에 파묻혀지냈고 자신을 '광적인 독서가'라고 부르기도 했다. 경제, 심리학, 수학, 생물학, 역사 등 다양한 분야의 책을 읽고 서로 연결 짓는 훈련을 어릴 때부터 하며 자랐다.

단순한 사실을 받아들이기보다 '왜 그렇지?', '이럴 수도 있지 않을까?'라고 생각하며 부모님이나 교사에게 질문을 많이 해서 주변 사람들이 감탄하기도 하고 때로는 귀찮아하기도 했다. 그는 변호사인 아버지와 논리적인 대화와 반박을 자연스럽게 주고받으며 논쟁하는 것을 좋아했고 생각하는 놀이와 토론을 즐기는 환경에서 자랐다. 레고나 공작류보다 논리 문제나 숫자 놀이에 더 큰 관심을 보였고, '내가 하면 다르게 할 수 있지 않을까?'라는 생각으로 관찰하고 기록하는 습관이 있었다.

그의 아버지 앨프레드 케이스 멍거는 변호사로 활동하며 자녀가 논리적인 사고와 법적·윤리적 판단력을 자연스럽게 익히도록 이끌었다. "어떤 주장을 하든 반드시 근거를 대라."라고 말하며, 책과 신문을 읽고 사고의 깊이를 키울 수 있도록 집안 분위기를 조성했다.

그의 할아버지 토마스 멍거는 연방 판사로 공정성과 신중함을 중시했는데, 사실을 근거로 판단하고 말보다 행동이 중요하다는 가치관을 심어주셨다.

찰리는 "아버지 덕분에 어린 시절부터 사실과 감정을 분리하는 법을 배웠다."라고 말한 바 있다. 또 '화려하게 보여주지 말고, 조용히 옳은 일을 하라.'는 가르침도 받았다.

그의 어머니 플로렌스 멍거는 따뜻하고 조용한 성품으로 감수성이 뛰어난 여성이었다. 찰리에게 정서적 안정감을 주었으며 예의 바른 태도를 보이도록 교육했다. 그는 종종 부모님에 대해 "내가 어떤 사람으로 살아야 하는지를 행동으로 보여준 분들이다."라고 말하곤 했다.

◇ **그는 어떤 사고 습관을 갖고 있을까?**

찰리 멍거의 사고 습관은 그를 단순한 투자자를 넘어 지적 철학자이자 합리적 판단의 대가로 만들었다. 그는 인생과 투자에서 성공하려면 단순히 '정보를 많이 아는 것'이 아니라 '어떻게 생각하느냐?', 즉 사고의 태도와 습관이 결정적이라고 강조했다.

그는 현명한 사람 중에 끊임없이 독서하지 않는 사람을 본 적이 없다고 말하며 자신과 워런 버핏 모두 엄청난 독서량(하루에 많게는 600페이지)을 가진다고 말했다. 그는 끊임없이 생각하고 계속 책을 읽는 것이 투자 게임의 전부라고 보았다. 또 심리학, 경제학, 수학, 공학, 역사학 등 다양한 학문 분야의 기본 개념들을 서로 연결하라고 말한다.

이 사고의 틀이 넓고 깊을수록 실수가 줄어들고 판단의 정확성이 높아진다고 강조했다.

멍거가 가장 자주 강조한 사고방식은 **'거꾸로 생각하라'는 것이다. 문제를 정면으로만 바라보지 않고, 반대로 뒤집어 보는 습관을 말한다.** 그는 문제를 해결할 때마다 항상 이렇게 묻는다고 한다. '이걸 망치는 방법은 무엇일까?'라는 역발상적 사고를 통해 실수를 줄이고 본질에 접근하려는 방식이다.

유발 하라리

Yuval Noah Harari

그는 이스라엘 출신의 역사학자이자 철학자로, 인간의 과거와 미래를 통찰하는 저서들로 세계적인 명성을 얻은 지식인이다. 그의 저서로는 『사피엔스』, 『21세기를 위한 21가지 제언』, 『넥서스』 등이 있다. 그의 저서와 사상은 현대 사회의 복잡한 문제를 이해하고 대응하는 데 깊은 통찰을 제공한다. 역사와 철학, 기술과 윤리 등 다양한 분야를 아우르면서 독자들에게 새로운 시각을 제시하기도 한다. 그는 내 몸의 감각을 관찰함으로써, 마음이 외부 환경에 휘둘리지 않도록 하는 훈련인 '비파사나(Vipassana)' 명상을 일상적으로 실천하며, 자기 인식과 감정 조절의 중요성을 강조하는 것으로도 알려져 있다.

◇ 그의 어린 시절은 어땠을까?

1976년 이스라엘 기리앗 아타(Kiryat Ata)에서 태어난 그는, 인근 대도시인 하이파에서 성장했다. 그는 어린 시절부터 부모님과 선생님들을 당황하게 만드는 질문을 쏟아내는 아이였다. "세상은 왜 이렇게 돌아가나요?", "사람들은 왜 전쟁을 하나요?", "인생의 의미는 무엇인가요?" 어른들은 늘 "돈을 많이 벌어야 한다.", "애국을 해야 한다." 같은 답변을 내놓았지만, 어린 하라리에게 그것은 본질적인 해답이 아닌 '지구상의 거대한 농담'처럼 느껴졌다고 한다. 그는 어린 시절을 회상하며 "모든 사람이 나에게 거짓말을 하고 있다는 기분이 들었다."라고 말한다. 학교에서 가르치는 역사나 종교적 서사가 실제 상의 고통과 죽음, 존재의 본질을 설명해 주지 못한다고 느꼈기 때문이다. 이 어린 시절의 '지적 갈증'과 '의구심'이 훗날 『사피엔스』에서 인류의 신화와 허구를 파헤치는 근간이 되었다.

그는 이스라엘의 명문 고인 레오 백 고등학교를 졸업했는데, 거기에서 매우 명석한 학생으로 통했다. 학생 하라리는 역사, 철학, 과학 등 다양한 분야의 책을 탐독하며 폭넓은 지식을 쌓았고 단순한 지식 습득을 넘어 '왜'라는 질문을 끊임없이 던지며 사물과 현상을 깊이 이해하려는 습관이 있었다. '세상의 근본 원리, 보이지 않는 것, 더 깊은 것'을 알고 싶어 했다. 그는 17세에 예루살렘 히브리 대학교에서 중세사를 전공했고, 이후 옥스퍼드 대학교에서 박사 과정을 밟던 중 '비파사나 명상'을 만나게 되었다.

◇ **그의 부모님은 그에게 어떤 영향을 미쳤을까?**

그의 아버지 슐로모 하라리는 매우 이성적이고 논리적인 분이었다. 이스라엘 국방 산업 분야의 기술자였는데, 하라리는 아버지의 영향으로 논리적이고 분석적인 사고를 일찍부터 접할 수 있었다. 아버지는 2010년경 암으로 세상을 떠나셨는데 아버지의 죽음은 그가 명상에 더욱 몰입하게 되는 계기가 되었다.

그의 어머니 프리나 하라리는 비교적 실용적이고 현대적인 생활양식을 지닌 분으로, 사무직 관리자였다. 그녀는 자녀의 자율성과 지적 호기심을 존중해 주었고, 자유롭게 탐구할 수 있도록 지지하고 격려하는 부모였다. 그의 뛰어난 호기심과 학업 능력을 발견하고, 잠재력을 최대한 발휘할 수 있도록 교육 기회를 적극적으로 제공하기도 했다. 현재도 그는 어머니와 시간을 보내는 것을 중요하게 여긴다고 알려져 있다. 하라리는 자신의 부모님에 대해 "나를 특별하게 대하기보다, 내가 궁금해하는 것들에 대해 스스로 답을 찾을 수 있도록 내버려두신 분들"이라고 회상한다.

◇ **그는 어떤 사고 습관을 갖고 있을까?**

그는 우리가 "정보가 부족해서가 아니라, 너무 많아서 진실을 보지 못한다."라고 말한다. 그는 여전히 스마트폰을 잘 사용하지 않는 것으로 유명하다. 이메일 확인도 특정 시간에만 몰입해서 하며, 하루 중 대부분의 시간을 외부의 '소음'으로부터 자신을 격리하는 데 쓴다. 실시간으로 쏟아지는 자극적인 뉴스 대신, 수백 년 혹은 수천 년의 흐름을 다룬 역사서나 과학논문을 보며 깊이 생각하는 시간을 갖는다. 그는 스마트폰이 인간의 가장 소중한 자원인 '주의력'을 끊임없이 훔쳐 간다고 말한다.

그의 중요한 사고 습관 중 하나로 비파사나 명상을 들 수 있다. 매일 2시간씩 명상을 하며 자기 생각이나 감정에 매몰되지 않고 관찰하는 훈련을 한다. 그는 이 명상을 통해 '인간이 만든 이야기'와 '실제 고통'을 철저히 구분해서 사고한다. 법인이나 국가가 고통을 느끼는지 질문함으로써, 허구의 개념에 휘둘리지 않는 사고 습관을 유지하려고 한다. 하라리는 매년 30일간 고요 속에서 진행되는 침묵 수련에도 참여한다. 이 과정에서 **그는 자기 생각, 감정, 두려움과 욕망을 비판 없이 관찰하는 습관을 기르게 되었으며, 이것이 사고를 명료하게 정리하고 편견 없이 세상을 바라보는 기반이 되었다고 말한다.**

그는 확실한 답변보다 좋은 질문을 더 중요하게 여긴다. '왜 인간만 신화를 만들었을까?', '기술이 우리의 자유를 확장하는가, 아니면 통제하는가?'와 같은 질문을 통해 사고의 폭을 넓힌다. '왜 그럴까?'라는 질문을 습관처럼 던지며, 답이 없더라도 끊임없이 탐구하는 태도를 지녔다. 하라리는 '지금 우리가 당연하게 여기는 제도와 가치'가 사실은 비교적 최근에 만들어진 것임을 자주 강조한다. '이건 원래 그래.'라고 생각하기보다 '정말 원래 그런 걸까?'라고 의심하는 습관을 지니고 있다. 그는 "어릴 때부터 나는 세상이 돌아가는 방식에 대해 매우 혼란스러워했으며 어른들이 나에게 정답을 주지 못했다."라고 했다. 그의 사고 습관은 이미 알고 있는 것을 의심하고 질문하고 연결하며 내면을 성찰하는 태도에서 비롯된 것이다.

나를 들여다보는 부모 점검 기록장

아이를 이해하기 위해서는 먼저 '나'를 아는 일이 필요합니다. 이 기록장은 스스로를 평가하기 위함이 아니라, 오늘의 나를 있는 그대로 인정하고, 작은 변화를 발견하는 과정을 돕기 위한 공간입니다.

어렵게 적지 않으셔도 괜찮습니다. 떠오르는 감정, 마음의 결대로 가볍게 적어 내려가며, "나는 어떤 부모로 살고 싶은가?"를 천천히 떠올려 주세요. 기록은 늘 당신 편에 서서, 더 단단한 하루로 이끌어 줄 것입니다.

1. 지금의 나는 어떤 부모인가요?

- **지금의 나를 설명하는 단어 3개**

☐ 사랑	☐ 걱정	☐ 여유	☐ 조급	☐ 배움	☐ 미안함
☐ 기대	☐ 관찰	☐ 응원	☐ 피로	☐ 회복	☐ 흔들림
☐ 통제	☐ 연결	☐ 실천	☐ 포용	☐ 불안	☐ 거리두기

- **아이 앞에서 자주 드러나는 나의 모습은?**
  (예: 걱정 많은 부모 / 듣는 부모 / 성급한 부모 / 잘 웃는 부모 등)

____

2. 나는 어떤 부모이고 싶은가요?

- 지금 가장 바라는 부모의 모습 1가지

____

3. 오늘부터 시작할 실천은 무엇인가요?
  (독서, 시간 관리, 자기 확신, 생각 중)

- 지금 바로 할 작은 변화 1가지

____

- 가장 먼저 바꾸고 싶은 하루 습관

____

4. 오늘의 작은 실천이 아이에게 만들 변화는?

- 오늘의 행동 → 아이에게 생길 변화 1가지

____

5. 그 변화가 쌓이면 1년 뒤의 나는?

- 1년 뒤 내가 원하는 부모의 모습

  ("나는 이런 부모였으면 좋겠다.")

  ____

- 1년 뒤 아이가 느끼는 부모의 모습

  ("아이는 나를 이렇게 느끼면 좋겠다.")

  ____

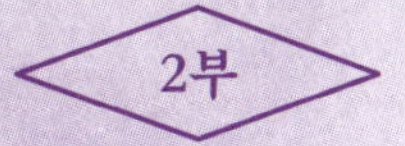

너는 어떤 아이일까?

아이의 성장은 일상의 관찰에서 시작된다

"닮고 싶은 사람을 찾고,
세상을 관찰하고, 밝게 웃으며,
새로운 경험에 다가가는 아이는
스스로 성장의 방향을 만들어간다."

롤 모델

닮고 싶은 한 사람이 아이의 방향을 만든다

지금 당신에게 "어떤 사람이 되고 싶은가?"라는 질문을 한다면 바로 답할 수 있을까? 아마도 쉽지 않을 것이다. "지금 당신은 어떤 사람인가?"라는 질문에 대한 대답이 훨씬 더 쉬울 것이다. 우리는 늘 해야 할 일에는 익숙하지만, 되고 싶은 모습에 대해서는 차분히 생각해 본 적이 많지 않기 때문일 것이다. 빠르게 돌아가는 일상에서 우리는 늘 '해야 할 일'에 쫓기어 살기에, 한 번도 그려보지 않은 미래의 나를 떠올리기가 쉽지 않다. 그런데 신기하게도 누군가를 닮고 싶다고 느끼는 그 순간, 우리 안의 상상력은 깨어나기 시작한다. 그 사람의 말투, 눈빛, 선택, 태도 하나하나가 우리의 미래를 그릴 수 있는 스케치북이 되어준다. 닮고 싶은 사람은 거울과도 같다. 지금의 나를 비추면서 '이런 모습도 가능하다'라는 가능성의 얼굴을 보여준다.

아이들에게도 닮고 싶은 사람은 매우 큰 힘이 된다. 아직 경험해 보지 못한 세상을 이미 걸어간 사람, 수많은 어려움을 극복하며 자신의 길을 개척한 사람을 만나면 아이는 '나도 할 수 있다'는 용기를 얻게 된다. 이러한 울림은 책 한 권이나, 강의 한 번보다 훨씬 강력하게 아이의 가슴에 새겨진다.

닮고 싶은 사람을 만나는 순간, 우리의 사고는 확장되고 목표는 더욱 명확해진다. "나는 그냥 평범하게 살 거야."라고 말하던 아이가 "나도 저 사람처럼 될 거야."라고 꿈꾸게 된다. 롤 모델은 가능성을 현실로 이끄는 '다리'가 된다. 롤 모델의 이야기는 힘들 때 포기하지 않도록 용기를 준다. 구체적인 행동 방식이나 습관도 배울 수 있다. 롤 모델을 찾는다는 것은 먼저 자신이 어떤 사람인지, 어떤 가치를 중요하게 여기는지 생각하게 만든다. 이러한 과정은 자기 성찰과 성장으로 이어진다.

혁신적인 제품으로 세상을 바꾼 **스티브 잡스.**
끝없는 훈련과 열정으로 세계 무대에서 우뚝 선 **손흥민** 선수.
자신의 목소리와 무대를 통해 수많은 이들에게 영감을 준 가수 **비욘세.**
이제 우리는 이 세 사람을 통해 롤 모델이 주는 힘이 어떻게 인생을 바꾸는지 함께 살펴보자.

스티브 잡스

Steve Jobs

> "나는 내 모든 기술을 버리고서라도
> 소크라테스와 오후 한때를 보내고 싶다."

스티브 잡스는 애플의 공동 창업자이자 세계 IT 산업과 디자인 철학에 혁명적인 영향을 끼친 인물이다. 그는 단순한 기업인이 아니라 기술과 예술, 인문학을 융합한 창의적인 리더로 평가받고 있다. 1976년 그는 가정용 PC 시장을 열었으며, 아이팟과 아이튠즈는 음악을 듣는 방식을 완전히 바꾸어 놓았다. 이를 통해 사람들은 디지털 음원을 합법적으로 다운로드하고 즐길 수 있는 시대를 맞이했다. 2007년 아이폰은 단순한 휴대폰을 넘어 전화, 인터넷, 멀티미디어를 하나로 통합하며 스마트폰 혁명을 일으켰다. 현재 우리가 사용하는 앱 생태계 자체가 잡스의 발명품이라고 할 수 있다.

그는 1955년 미국 캘리포니아주 샌프란시스코, 대학생 커플이었던 조앤 시블과 압둘파타 존 잔달리 사이에서 태어났다. 하지만 태어난 직후 양부모인 폴과 클라라 잡스 부부에게 입양되었다. 입양 조건 중 하나는 "대학 교육을 시킬 것"이었다고 한다. 어린 시절부터 그는 호기심이 많고 탐구심이 강한 아이였다.

전자기기와 기계에 관심이 많아 종종 집 안의 물건을 분해하고 다시 조립하는 것을 좋아했다. 독서와 수학에 뛰어난 재능을 보였으나, 주변에서는 '말을 잘 듣지 않는 아이', '지루함을 참지 못하는 아이'로 알려졌다. 선생님들은 그가 "너무 앞서 있다."라고 평가할 만큼 이해가 빠르고 창의적이었다고 전한다.

초등학교 시절에는 교과서에 흥미를 느끼지 못해 반항적이었지만, 시험 성적은 매우 뛰어났다. 장난과 반항심이 심했던 시절, 유일하게 그를 이해해 주고 변화를 이끌어 준 사람은 이모진 힐 선생님이었다. 선생님은 어린 잡스 안의 잠재력을 가장 먼저 알아보고, 꾸준한 관심과 지적 도전을 통해 그 가능성을 키워주었다. 문제를 풀면 사탕이나 5달러를 주는 방식으로 동기를 부여하기도 했다. 그 신뢰와 격려 덕분에 잡스는 학업에 흥미를 느끼기 시작했고, 지적인 자존감도 되찾을 수 있었다. 잡스는 훗날 그녀를 인생에서 가장 큰 영향을 준 교사 중 1명으로 기억했다.

◇ 그의 부모님은 그에게 어떤 영향을 미쳤을까?

그의 생부는 시리아 출신 무슬림 가정에서 태어나 미국으로 유학 와 위스콘신 대학교에서 정치학 박사 과정을 밟고 있었다. 대학 시절, 같은 학교 대학원생이던 잡스의 생모를 만나 사랑에 빠졌다. 그러나 당시 매우 보수적인 가톨릭 집안이었던 그녀의 아버지는 무슬림 남자와의 결혼을 강하게 반대했다. 결국 그녀는 결혼 허락을 받지 못한 채 임신하였고, 스티브 잡스를 미혼모로 출산했다. 하지만 가족의 압박 속에서 아이를 제대로 키울 수 없었기에 출산 직후 입양을 결정했다. 그리고 스티브 잡스는 폴 잡스와 클라라 잡스 부부에게 입양되었다.

그의 아버지 폴 잡스는 고졸 학력의 기계 기술자이자 자동차 수리공이었고 가구 제작에도 능했다. 말수는 적었지만 정직하고 기술에 정통하며, 손으로 일하는 것을 소중히 여기는 사람이었다. 어린 스티브는 아버지와 함께 차고에서 전자기기와 가구를 직접 만들고 수리하며 기술을 익혔다. 그뿐만 아니라 그의 아버지는 그에게 "눈에 보이지 않는 곳까지 정성 들여 만들어라."라고 가르치며 디테일과 완성도에 대한 철학을 보여주었다.

그의 어머니 클라라 잡스는 러시아계 미국인으로, 매우 헌신적이고 세심한 성격이며 그를 있는 그대로 사랑해 주셨다. 잡스는 입양된 사실을 알고 있었지만, 어머니의 따뜻한 애정 덕분에 소외감을 느끼지 않았다고 말했다. 그리고 항상 그의 선택을 존중해 주었다. 학교에 적응하지 못할 때도 억지로 고치려 하지 않고 믿고 기다려 주었다. 그녀는 어린 스티브에게 늘 "너는 특별한 존재다."라고 말해주었다. 이 경험이 그의 자존감과 자기확신에 매우 중요한 기반이 되었다.

잡스는 "나는 '세상을 바꿀 사람'이라는 믿음의 뿌리를 어머니의 말에서 찾았다. 엄마는 늘 내가 특별하다고 말씀해 주셨다. 그 말이 나를 믿게 했다."라고 한다. 어머니는 그가 학교를 그만두겠다고 했을 때도 속상해하면서도 막지 않고 늘 그의 선택을 존중해 주셨다. 진로와 인생의 선택을 통제하지 않고 지켜봐 주신 분이었다.

◇ **그에게 영향을 준 멘토들은 누구이며, 어떤 영향을 받았을까?**

마이크 마쿨라는 애플의 초기 투자자이자 인텔 출신의 엔지니어이며 마케팅 전문가이다. 잡스가 20대 초반일 때 애플의 가능성을 알아보고 투자했으며, 경영 코칭을 통해 잡스의 철학을 다듬어준 멘토였다. 그가 잡스에게 가르친 3가지 원칙은 공감(empathy: 고객의 욕구를 깊이 이해하라), 집중(focus: 핵심에 집중하고 나머지는 과감히 버려라), 심상(impute: 제품의 첫인상이 곧 품질이다. 겉모습부터 신경 써라)이다. 잡스는 "마이크는 내가 기업가로 성장하는 데 가장 중요한 사람이었다."라고 말했다.

놀런 부시넬은 아타리의 창립자이자 스티브 잡스를 처음 고용한 상사이다. 잡스가 19세 때 아타리에서 일할 수 있도록 기회를 준 인물로, 잡스의 무모한 시도와 집요한 몰입을 이해하며 자유를 부여함으로써 '창의성은 자유로운 환경에서 나온다'라는 것을 경험하게 해주었다. 잡스는 그를 통해 규칙을 어겨도 결과가 좋으면 허용되는 경험을 했고, 장난과 도전 정신을 억누르지 않고 살린 '리더십 모델'을 배웠다.

에드윈 랜드는 폴라로이드의 창립자이자 스티브 잡스가 존경한 발명가 중 1명으로, 그의 정신적 롤 모델이자 멘토였다. 랜드는 기술 혁신뿐만 아니라 제품의 예술성, 단순함, 그리고 비전을 중시했다. 그는 자신의 비전을 제품에 담는 방식으로 폴라로이드를 이끌었고, 잡스는 이를 보고 "나도 저런 회사를 만들고 싶다."라고 결심했다. 잡스는 폴라로이드의 창업 경험과 철학을 책과 인터뷰를 통해 접한 후, 랜드를 정신적 스승으로 여기게 되었다. 직접 만나기도 했으며, 랜드가 제품 철학을 어떻게 형성했는지를 깊이 분석하고 그의 강연과 삶을 철저히 연구하며 받아들였다.

폴 잡스는 그를 키워주신 아버지로 잡스에게 가장 실질적인 영향을 준 기술적 롤 모델이다. 아버지는 중고차를 수리하고 가구를 만들 때 남들이 보지 않는 뒤쪽까지 완벽하게 마감해야 진짜 장인이라는 태도를 몸소 보여주었다. 아버지의 영향으로 그는 오늘날 '맥(Mac)'의 조상 '매킨토시'를 만들 때 엔지니어들에게 "사용자가 절대 열어볼 일 없는 컴퓨터 안쪽 회로 기판도 예술적으로 배치하라."고 지시했다고 한다. 그의 아버지 목공 기술을 디지털 기기로 계승한 셈이다.

스티브 잡스는 혼자서 혁신을 이룬 것이 아니다. 각기 다른 색깔을 지닌 멘토들이 기술자이자 철학자였던 그를 다듬고 키워냈다고 할 수 있다. 그가 이렇게 훌륭한 멘토들을 만날 수 있었던 이유는 자신보다 뛰어난 사람에게 거리낌 없이 먼저 다가갔기 때문일 것이다. 잡스는 권위나 나이, 지위에 주눅 들지 않고 자신이 배우고 싶은 사람에게 직접 다가갔다. 그는 "훌륭한 사람에게 배우는 것을 부끄러워하면 성장할 수 없다."라고 여겼다.

그는 단순히 기술적으로 **유능한 사람보다 세상을 바라보는 관점이 깊은 사람, 즉 삶의 본질에 대해 질문을 던지는 사람에게 더 끌렸다.** 그는 "기술은 도구일 뿐이며, 철학이 있어야 진정한 혁신이 가능하다."라고 믿었다. 또 직접 만날 수 없는 인물들도 멘토로 받아들였다. 대표적으로 간디, 월트 디즈니 등이 그 예인데, 이들의 철학과 행동을 깊이 관찰하고 모방하며 배움을 실천했다.

손흥민

대한민국 축구 선수

> "아버지는 늘 내가 필요로 하는 그것을 먼저 생각하셨다.
> 그분이 없었다면 지금의 나는 존재하지 않았을 것이다."

손흥민은 대한민국을 대표하는 축구 선수로, 한국 스포츠의 상징이자 세계적인 축구 스타이다. 현재 잉글랜드 프리미어리그(EPL)의 토트넘 홋스퍼에서 미국 메이저 리그 사커(MLS)의 로스앤젤레스 FC(LAFC)로 이적한 상태다. 그는 아시아 선수로서는 드물게 유럽 무대에서 꾸준히 활약하며 세계적인 명성을 얻었으며, 그의 축구 인생에 가장 큰 영향을 준 멘토는 아버지 손웅정이다. 아버지는 평생 멘토이자 든든한 지원군으로서 지금의 손흥민이 될 수 있도록 이끌었다.

◇ 그의 어린 시절은 어땠을까?

손흥민은 1992년 강원도 춘천에서 태어났다. 그는 천성이 착하고 상대를 배려할 줄 아는 아이였다고 한다. 어린 시절, 프로 축구 선수 출신인 아버지의 영향으로 축구공과 함께 자랐으며, 자연스럽게 아버지와 형과 함께 공을 찼다. 축구공은 그의 장난감이었다.

그의 아버지 손웅정의 책『모든 것은 기본에서 시작한다』에서 그의 어린 시절이 잘 묘사되어 있다. 그는 방 한 칸짜리 집에서 네 식구가 살며 넉넉하지 못한 환경이었지만, 운동할 때 필요한 것이 있을 때마다 아버지는 적극적으로 지원해 주셨다. 제대로 된 시설이 없었던 그에게 초등학교 운동장이 최초의 훈련장이었다. 남들이 추수하는 시기가 되면 아버지는 소금을 구해 학교 운동장에 뿌렸다. 운동장에 100포대 이상의 소금을 뿌리는 일은 아버지에게 가을걷이만큼 중요한 일이었다고 한다. 소금기가 있어야 겨울에 눈이 빨리 녹고, 여름에는 땅이 건조하지 않아 푸석푸석해 넘어져도 다치는 일이 적었기 때문이었다. 눈이 오는 날이면 철봉을 중심으로 넉가래를 들고 가 반경 10미터씩 눈을 치우고 아버지와 함께 운동했다. 비가 오나 눈이 오나 훈련을 거르지 않았다.

그는 일곱 살 무렵 맨체스터 유나이티드와 박지성을 우상으로 삼고, 이청용 선수를 동경하며 TV에서 축구 경기를 볼 때마다 "나도 저런 선수가 되고 싶다."라는 꿈을 가졌다. 초등학교 졸업 사진에서는 친구들과 달리 U-17 대표팀 유니폼을 입고 사진을 찍을 정도로 축구 선수에 대한 꿈이 컸다.

손흥민은 또래가 TV를 보거나 게임을 할 때 세계적인 선수들의 경기 영상을 보며 움직임과 위치 선정을 반복해서 분석했다. 특히 박지성, 호날두, 메시의 움직임을 보며 흉내 내며 훈련했다. 초등학교 저학년 이후부터는 거의 친구들과 놀 시간이 없었다. 그는 형과 함께 훈련하며 경쟁하고 서로 피드백을 주고받았는데, 상대를 이기기보다 자신을 이기려는 자세를 가졌다. 중학교는 축구부가 없는 일반 학교였지만, 춘천과 연계된 유소년 축구단에 소속되어 훈련을 병행했다.

이후 FC 서울 유소년팀에 들어가 본격적으로 축구 실력을 쌓기 시작했다. 동북고 재학 중이던 2008년, 오랜 조율 끝에 독일 함부르크 SV 유소년팀으로 초청되었고, 다니던 고등학교를 중퇴하며 유럽 진출을 택했다. 손흥민은 함부르크와 계약한 후 숙소 생활을 시작했고, 아버지는 그의 숙소 근처에 세 평 남짓한 방에서 홀로 3년을 보내며 그의 훈련과 뒷바라지를 도왔다고 한다.

◇ 그의 부모님은 그에게 어떤 영향을 미쳤을까?

그의 아버지는 전직 축구 선수이자 이후 유소년 축구 지도자로 활동하며 현재 '손웅정 축구 아카데미'를 운영 중인 손웅정이다. 그는 손흥민에게 축구를 단순한 운동이 아니라 '인생을 가꾸는 수단'으로 가르쳤다. 축구를 잘하는 것보다 좋은 사람으로 성장하는 것이 더 중요하다고 강조했다. 그리고 인사, 겸손, 책임감, 자기 절제를 엄격히 교육했다. 무엇보다 기본에 충실한 교육을 시행했다. '기본 없이는 절대 성공할 수 없다.'라고 가르치며 6년 동안 경기 출전을 금지하고 기본기 훈련에만 집중하게 하기도 했다. 기본기가 몸에 배면 기술은 자연스럽게 따라온다고 믿었기 때문이다.

그는 부모가 먼저 절제하고 겸손해야 아이도 그렇게 자란다고 믿었다. 그래서 아들들과 함께 땀 흘리며 훈련하고 말보다 행동으로 모범을 보였다. 그는 손흥민에게 "축구는 감사함으로 하는 운동이다."라고 가르치며, 잘한다고 자만하면 축구가 떠난다며 늘 겸손하게 경기에 임하라는 메시지를 반복해서 전했다. 아버지는 손흥민의 기초 기술과 정신력 훈련을 전담하며, 아들의 첫 코치로 평생 헌신했다.

그의 어머니는 은자길 여사로, 아들의 영양 관리와 생활 전반을 책임졌다. 언론 노출은 거의 없었지만, 손흥민은 자주 "어머니의 희생 없이는 지금의 나도 없다."라고 말한다. 손흥민이 축구에 몰입하며 정신적 압박이 클 때, 그의 어머니는 감정을 다독이며 안정을 되찾도록 자연스럽게 도와주는 역할을 해왔다. 조용하지만 확실한 내조였다.

손흥민은 아버지의 엄격함 속에서도 어머니의 따뜻한 정서적 지지 덕분에 균형을 유지할 수 있었다. 특히 외국 생활과 경기 스트레스 속에서 정서적 안식처가 되어준 것은 그의 성장과 정신력 형성에 매우 중요한 요소로 작용했을 것이다.

◇ **그에게 영향을 준 롤 모델들은 누구이며, 어떤 영향을 받았을까?**

손웅정은 아버지이자 그의 가장 중요한 멘토였다. 그는 "사람이 먼저 돼야 선수도 될 수 있다."라는 말을 자주 반복하며, 축구가 인격을 완성하는 도구라는 인식을 심어주었다. 실력보다 인성을 더 중요하게 여긴 것이다. 그는 기본기 없이는 아무것도 할 수 없다고 가르쳐 주었다. 중학생이 될 때까지 슛 연습을 금지하고 오직 패스, 트래핑, 드리블 등 기본기만 반복하기도 했다. 그 이유는 어린 나이에 무리하게 슛 연습을 하면 성장판에 무리가 가고, 근육이 잡히기 전에 경기에만 치중하면 기술의 세밀함이 떨어진다는 확신 때문이었다. 경기보다 훈련을, 결과보다 기초 완성을 강조했다. 창의성은 자유에서 나온다고 믿어 조직 훈련보다는 자유로운 개인기 훈련을 선호했으며, 어린 손흥민이 공을 다룰 때 실수해도 끝까지 도전하게 했다.

그 결과 그의 기술은 매우 정교해질 수 있었고, 빠른 판단력, 양발 슈딩, 공간 창출 능력으로 이어져 지금의 경기력이 완성되었다. 무엇보다 손흥민은 지금도 경기 전후 식단, 수면, 몸 관리를 매우 철저히 하는 것으로 알려져 있는데, 이는 어릴 때부터 훈련 시간, 식사 시간, 수면 시간을 철저히 관리하도록 배웠기 때문이다. 아버지는 항상 "스타가 되려 하지 말고 팀을 돕는 선수가 되어라."라고 강조했다. 이는 손흥민이 지금도 이타적인 플레이, 수비 가담, 포용력 있는 주장 임무를 수행하며 존경받는 리더가 될 수 있도록 만들었다.

박지성은 손흥민의 정신적 롤 모델로, 어린 시절부터 동경해 온 인물이다. 손흥민은 맨체스터 유나이티드 시절 박지성을 보며 꿈을 키웠고, 대표팀에서 함께 뛰면서 박지성의 성실함, 희생정신, 그리고 팀워크의 중요성을 배웠다. 박지성이 보여준 묵묵한 리더십과 겸손함은 손흥민의 현재 경기 방식에 깊이 스며들어 있다.

크리스티아누 호날두는 자기 관리의 상징으로, 훈련 태도, 식단 관리, 체력 유지, 정신력 면에서 많은 영향을 끼쳤다. 손흥민은 호날두를 '노력형 천재의 끝판왕'이라고 표현하기도 했다.

리오넬 메시는 경기 중 말보다 행동으로 자신의 가치를 증명하는 선수다. 자만하지 않고 조용히 경기력으로 영향력을 발휘하는 그의 스타일에 큰 영향을 받았다. 특히 공격수로서 상대의 강한 압박 속에서도 침착하게 플레이하는 법을 익혔다.

그들은 손흥민에게 나아가야 할 방향을 명확히 비춰주었고, 그들에게서 탁월함은 재능보다 태도와 꾸준함이 실력을 만든다는 것을 배울 수 있었다.

비욘세

Beyonceé Giselle Knowles-Carter

> "나는 항상 나보다 앞서 걸어간 사람들에게서 배운다.
> 그들의 발자취가 나에게 길을 보여준다."

그녀는 세계적인 팝 가수이자 배우, 프로듀서이자 패션 아이콘으로서 뛰어난 가창력과 퍼포먼스로 '팝의 여왕'이라 불린다. 그녀는 음악, 문화, 사회 전반에 걸쳐 막대한 영향을 미친 세계적인 아티스트이다. 단순한 음악적 성공을 넘어 여성의 권리, 흑인 문화, 창의적 예술 혁신에 기여한 점에서도 높이 평가받고 있다.

◇ 그녀의 어린 시절은 어땠을까?

그녀는 1981년 미국 텍사스주 휴스턴에서 태어났다. 어릴 때부터 음악적 재능을 보이며 특별한 성장 과정을 겪었다. 평소에는 수줍은 성격이었지만, 노래를 부를 때면 완전히 다른 사람이 되었다고 한다. 어린 나이부터 하루에 몇 시간씩 춤과 노래 연습을 반복하며 꾸준히 훈련했고, 교회

합창단 활동을 통해 가창력을 키웠다.

7세 때 지역 노래 대회에서 존 레논의 곡을 부르며 88명 중 1등을 차지하기도 했다. 선생님은 비욘세의 절대음감과 강력한 무대 장악력을 일찍 알아보았다. 어린 시절 여러 오디션과 대회를 통해 무대 경험을 쌓았고, 부모의 지원으로 소녀 그룹 활동을 시작한 이후 걸 그룹 멤버로 데뷔해 세계적인 스타로 성장했다.

◇ 그녀의 부모님은 그녀에게 어떤 영향을 미쳤을까?

그녀의 아버지 매튜 놀스는 비즈니스 전문가로, 훗날 딸의 매니저로도 활동했다. 그는 비즈니스 감각과 음악 산업에 대한 지식을 활용해 미국 여성 R&B 팝 그룹 '데스티니즈 차일드'를 성공적으로 이끌었다. 어릴 때부터 비욘세의 연습과 공연을 철저히 관리하며 규율과 전문가다운 태도를 가르쳤다. "최고가 되려면 누구보다 열심히 훈련해야 한다."라는 말을 통해 비욘세의 완벽주의 성향을 형성했다. 그녀의 아버지는 이후 비욘세의 솔로 활동에서도 큰 역할을 했으나, 나중에 비즈니스 갈등으로 한동안 결별했던 것으로 알려졌다.

그녀의 어머니 티나 놀스는 패션 디자이너이자 사업가, 자선가이기도 하다. 그녀의 어머니는 비욘세의 예술적 감각과 자신감을 키워주었다. 어린 시절부터 의상 디자인을 통해 무대에서 돋보이는 스타일을 만들어 주었고, "자신만의 개성을 표현하라."는 가르침으로 창의성을 자극했다. 딸이 새로운 아이디어를 제시하면 항상 받아들여 창작력을 키워주었다. 또 매일 긍정적인 말을 해주며 자기 대화를 가르쳤다. 무대에 오르기 전에는 "너는 최고야, 넌 해낼 수 있어."라고 격려하며 자신을 믿는 순간 다른 사람도 너를 믿게 된다고 가르쳐 주었다.

그의 부모님은 그가 성공한 후에도 집안일과 봉사활동에 참여하게 하며 가족 중심의 가치와 겸손, 감사의 마음을 강조했다. 그녀는 현재도 자선활동과 패션 브랜드 운영을 통해 딸과 협업하고 있는 것으로 알려져 있다.

◇ 그녀에게 영향을 준 멘토들은 누구이며, 어떤 영향을 받았을까?

비욘세는 단순히 재능만으로 성장한 것이 아니라, 인생과 음악에서 멘토들의 가르침을 받아들이며 꾸준히 발전해 왔다. 그녀의 롤 모델들은 음악, 무대 연출, 그리고 삶의 태도에 지대한 영향을 미쳤다.

티나 터너는 강인한 여성 록스타이자 무대 장악력의 아이콘이다. 비욘세는 그녀의 무대 위 에너지와 카리스마를 본받아 공연 중 감정을 온몸으로 표현하는 법을 배웠다. 2008년 그래미 시상식에서 함께 공연한 후, 비욘세는 "이 순간은 내 인생 최고의 배움이었다."라고 말했다.

마이클 잭슨은 퍼포먼스와 음악 혁신의 전설이다. 어린 시절 비욘세가 그의 콘서트를 보고 가수의 꿈을 확신하게 만든 인물 중 1명이다. 비욘세는 마이클 잭슨에게 완벽주의적인 연습 습관과 혁신적인 퍼포먼스, 기획의 중요성을 배웠고, 마이클처럼 음악에 메시지를 담는 법을 자신의 스타일에 적용했다.

휘트니 휴스턴은 폭발적인 가창력과 감정 전달의 대명사로, 많은 이들이 그녀의 노래를 들으며 보컬 기술과 감성 표현을 연습했다. 비욘세도 어린 시절부터 휘트니를 롤 모델로 삼았다. 비욘세는 그녀에게서 감정이 담긴 노래가 사람들에게 큰 힘을 준다는 것을 배웠다. 휘트니가 사망한 후, 비욘세는 공개적으로 "그녀의 목소리는 내 성장의 일부였다."라며 추모의 뜻을 전하기도 했다.

오프라 윈프리는 여성 성공의 모델이자 사회적 메시지를 전하는 미디어 거인이며, 그녀의 롤 모델 중 1명이다. 비욘세는 오프라의 토크쇼에 여러 차례 출연해 심층 인터뷰를 진행했으며, 여성의 권리와 사회적 메시지를 주제로 의견을 나눈 바 있다. 오프라는 비욘세를 '21세기 가장 영향력 있는 여성 아티스트 중 1명'이라고 극찬하기도 했다. 비욘세는 오프라를 보며 영향력 있는 여성 리더로서의 비전을 갖게 되었다. 또 오프라에게서 성공을 사회적 변화와 연결하는 태도를 배웠다. 그리고 그녀는 지금 오프라처럼 자선 및 사회 활동에 힘쓰고 있다.

그리고 비욘세의 인생 전반을 이끈 핵심 멘토는 그녀의 부모인 **매튜와 티나 놀스**라고 할 수 있다. "내 부모님은 나의 첫 번째 멘토였다. 그들은 내가 무대 위뿐만 아니라 인생에서도 강해지도록 가르쳐 주셨다."라고 말하며 부모님에 대한 감사를 표현했다. 그녀는 아버지로부터 규율, 비즈니스 감각, 완벽주의를 배웠다. 또 어머니로부터는 창의성, 자신감, 겸손을 배우며 그녀는 전인적인 성장을 이룰 수 있었다.

관찰

깊이 보는 눈이 배려의 마음을 자라게 한다

"네가 먼저 했잖아!", "뭔 소리야, 언니가 먼저 그랬잖아!"

하루에도 몇 번씩 들리는 아이들이 싸우는 소리다. 아이들 사이에서 가장 흔하게 나오는 싸움 대화는 대부분 억울함을 먼저 꺼내는 말이다. 이때 부모가 "언니니까 참아!", "동생한테 양보해!", "그만 좀 싸워!"라고 한다면 당장의 상황은 멈추게 할 수 있다. 하지만 아이들의 마음을 만나게 하지는 못한다. 또 부모가 "서로 배려해야지!"라고 한다면 아이들은 배려를 참는 것, 지는 것, 억울해도 넘어가는 것으로 배울 수 있다. 이때 부모가 먼저 해야 할 일은 심판이 아니라, 두 마음을 같은 무게로 들어주는 관찰자의 역할이다.

우리는 흔히 아이들에게 "배려하는 마음을 가져라."라고 말한다. 그런데 이런 배려하는 마음은 어디에서 나오는 걸까? 배려는 상대를 먼저 바라보고 세심하게 살피는 관찰에서 시작된다. 상대방에게 "왜 기분이 안 좋아?"

라고 물어볼 수 있는 것은 그 사람의 표정이 평소와 다르다는 것을 알아차렸기 때문이다. 가족이 "오늘 매우 피곤해 보이네. 좀 쉬어."라고 말할 수 있는 것도 작은 행동과 말투의 변화를 관찰했기 때문이다. 관찰이 없으면 우리는 상대의 마음을 놓치고, 나만의 생각 속에 머무를 수밖에 없다.

하지만 잠시 멈추어 바라보는 습관을 들이면 작은 신호도 크게 디가온다. 아이가 내민 그림 한 장, 친구가 무심코 한 말 한마디, 배우자가 내쉰 짧은 한숨 속에 담긴 이야기는 관찰을 통해 읽어낼 수 있다. 이처럼 관찰은 보이지 않던 것을 보게 하고, 듣지 못한 소리를 듣게 한다. 그때 비로소 우리는 상대를 더 깊이 이해하고 진정한 배려를 실천할 수 있게 된다.

아이들에게 필요한 것은, 세상을 서둘러 판단하지 않고, 있는 그대로 바라보는 습관이다. 눈앞의 사소한 것들을 놓치지 않고 세심하게 살피는 힘이 쌓이면, 상대방의 마음도 더 잘 이해할 수 있게 된다.

관찰은 타인에게만 필요한 것이 아니다. 나 자신을 관찰하는 습관노 빌요하다. 자기 자신을 제대로 들여다볼 줄 알아야 타인에게도 건강하게 배려할 수 있다. 내가 내 마음을 돌보지 못한 채 배려를 베푼다면 오히려 지치고 상처받기 쉽다. '나에 대한 관찰'은 자기에 대한 배려의 시작이며, 그것이 곧 다른 사람을 따뜻하게 바라보는 힘이 된다.

    2부 너는 어떤 아이일까?

관찰의 힘으로 자신만의 길을 걸어온 사람들이 있다. 주변 사람들을 세심하게 살피며 '국민 MC'라 불리게 된 **유재석.** 숲속에서 침팬지의 행동을 평생 관찰하며 인류 이해의 지평을 넓힌 **제인 구달.** 자기 몸과 마음을 끝까지 관찰하며 세계 정상급 체조 선수가 된 **시몬 바일스.** 이제 우리는 이 세 사람의 이야기를 통해 '관찰'이라는 작은 습관이 어떻게 배려와 성장을 이끄는지 알아보자.

유재석

방송인, 진행자, 코미디언

유재석은 대한민국에서 가장 사랑받는 방송인이자 예능인으로, '국민 MC'라는 별명으로 불린다. 그는 '무한도전', '런닝맨', '유 퀴즈 온 더 블록' 등 세대와 문화를 아우르는 예능의 중심에서 오랜 세월 대중을 웃게 하고 위로해 왔다. 유재석은 낯선 사람도 빠르고 편안하게 만드는 것으로 유명하다. 그 이유는 그가 표정, 말투, 미세한 행동을 주의 깊게 관찰하고 즉각 반응하기 때문이다. 그는 방송할 때 공동 진행자, 작가, 카메라 동선까지 모두 신경 쓰며 조율하는데, 그래서 안정감 있는 진행자로도 불린다. 이는 기술이 아니라 세심한 관찰과 배려의 결과라 할 수 있다.

유재석은 1972년 서울에서 태어나 1남 2녀 중 장남으로 자랐다. 어린 시절 유재석은 눈에 띄지 않는 평범한 학생이었다고 한다. 어릴 때는 내성적이고 부끄러움이 많아 발표를 잘하지 못했다. 하지만 친한 친구들 앞에서는 까불거리며 웃기는 것을 좋아하는 성격이었다. 훗날 "지금처럼 방송에서 말을 많이 할 거라고는 상상도 못 했다."라고 밝히기도 했다.

그는 활발하거나 튀는 성격보다는 사람을 관찰하고 조용히 배려하는 편이었다.

그는 말보다 행동으로 훈육하던 아버지 밑에서 자랐다. 유재석이 학창 시절 공부를 게을리하거나 진로를 고민할 때, 아버지는 말없이 신문을 그의 방에 넣어주거나, 중요한 기사에 밑줄을 그어 거실에 두는 방식으로 메시지를 전달했다. 또 잘못을 저지르면 "무엇을 잘못했는지 써보라."고 하셨다. 그런 아버지 밑에서 자라며 그는 상대방의 기분이나 분위기를 재빨리 읽는 습관이 생겼다고 한다.

중학교 때는 개그 프로그램을 좋아해 코미디언의 꿈을 키우기 시작했다. 반 친구들 앞에서 흉내 내는 것을 즐기며 점점 유머 감각을 키웠다. 고등학교 시절에는 방송반 활동도 했고, 개그 경연을 보며 "나도 저 무대에 서고 싶다."라는 열망을 품게 되었다. 고등학교 졸업 후 서울예술대학교 방송학과에 진학했는데, 이곳에서 본격적으로 코미디언이 되기 위한 준비를 시작했다. 하지만 고등학생 시절 집안 형편이 어려워졌고, 군 제대 후 방송 데뷔 이후에는 9년간 무명 생활을 겪기도 했다. 그런데도 그는 부모님께 "힘들다."는 말을 한 번도 하지 않고 묵묵히 책임감을 가지고 꾸준히 노력하는 태도를 유지했다고 한다.

◇ 그의 부모님은 그에게 어떤 영향을 미쳤을까?

그의 아버지는 은행원으로 일하시면서 늘 "성실하게 살아야 한다.", "흔들리지 말고 자기 자리에서 최선을 다해라."라는 메시지를 전하며 성실과 절제, 예의범절을 강조하셨다. 아버지는 매우 엄격하고 조용한 성격으로 알려져 있으며, 규칙과 예절을 중시하는 가풍 속에서 자랐다. 개그맨이라는 길을 택했을 때 아버지는 많이 걱정하셨다. 불안정한 직업보다는 안정적인 길을 원하셨기 때문이다. 하지만 결국 아들의 선택을 막지 않으시고, 대신 "그 길을 가려면 책임감을 가져라!"라고 강조하셨다. 직접 훈계하기보다는 본인이 생활 속에서 성실히 일하는 모습을 보여주는 모범적인 교육을 하셨다.

유재석이 성인이 된 후, 아버지는 은행 퇴직 후 추진했던 사업이 큰 빚을 지게 되면서 가계가 급격히 기울었던 시기가 있었다. 당시 무명 개그맨이었던 그는 이 상황을 지켜보며 "내가 반드시 성공해서 집안을 일으켜야 한다."라는 강력한 책임감을 가지게 되었다고 한다.

119　　　　　　　　　　　　　　　　　

그의 어머니는 늘 그를 믿어주고 지지해 주는 분으로, 그에게 정서적 안정과 자존감을 심어주었다. '안 되면 다시 하면 되지!'라는 긍정적이고 온화한 양육 태도는 유재석의 낙천적인 성격 형성에 큰 영향을 미쳤다. 또 겸손과 배려를 강조하셨으며, 유명해지는 일보다 사람으로서 올바르게 사는 것을 가장 중요하게 여기셨다. 이러한 영향으로 유재석은 지금도 겸손하고 배려심 깊은 이미지로 많은 사람들에게 존경받고 있다.

◇ 그는 어떤 관찰 습관을 갖고 있을까?

유재석의 성공 뒤에는 관찰하는 습관이 크게 자리 잡고 있다. 유재석은 함께하는 출연자들의 표정, 분위기, 그리고 작은 제스처까지 놓치지 않는다. 긴장한 출연자가 있으면 즉시 눈치채고 농담을 던져 긴장을 풀어준다. 말이 적은 출연자에게는 자연스럽게 질문을 던져 참여를 유도하기도 한다. 이 때문에 그는 '출연자를 빛나게 해주는 MC'라는 평가를 받는다. 그는 관객과 시청자의 호흡과 반응을 빠르게 관찰한다. 웃음이 터지는 포인트나 분위기가 가라앉는 순간을 파악해 타이밍 좋게 개입하거나 물러서기도 한다. '무한도전', '런닝맨'처럼 돌발 상황이 많은 예능에서 이러한 관찰력은 프로그램의 재미를 더욱 살려 주었다.

그는 게스트가 이전 방송에서 했던 말이나 개인사가 언급된 부분까지도 잘 기억해 다시 꺼내어 이야기하곤 한다. 이러한 세심한 관찰과 기억하는 습관 덕분에 게스트들은 존중받는다는 느낌을 받고, 시청자들은 감동한다. **그는 말하기에 앞서 상대방의 상태를 살피는 습관이 있다.** 후배가 긴장하거나 실수했을 때는 즉시 눈치채고 분위기를 전환해 주며, 상대가 편안하게 자신의 매력을 드러낼 수 있도록 돕는다.

제인 구달

Dame Jane Goodall

그녀는 야생 침팬지 연구의 혁명가이자 유명한 영국의 동물학자이며 세계적인 환경운동가이다. 1960년, 스물여섯 살의 나이로 탄자니아 '곰베 스트림 국립공원'에서 침팬지 관찰을 시작했다. 그녀는 이 연구에서 침팬지가 나뭇가지를 도구로 사용해 개미를 잡는 행동을 최초로 기록했으며, 침팬지가 감정을 표현하고 복잡한 사회 구조를 이루는 존재임을 밝혀냈다.

1977년에는 제인 구달 연구소를 설립하여 침팬지 보호와 서식지 보존, 지역사회 개발 프로젝트를 추진했다. 그녀는 전 세계 젊은이들이 환경 보호와 인도적 행동에 참여하도록 이끌기도 했다. 또 UN 평화 메신저로서 전 세계를 돌며 다양한 주제로 연설하고, 숲 복원과 동물 복지를 위한 다양한 프로젝트를 진행했다. 그녀는 인류가 자연과 공존해야 한다는 메시지를 전 세계에 전파했다. 그녀의 평생에 걸친 연구와 활동은 과학, 환경, 교육 세 분야에서 인류의 의식을 변화시킨 위대한 발자취로 남았다.

◇ 그녀의 어린 시절은 어땠을까?

그녀는 1934년 영국 런던에서 태어났으며, 본명은 발레리 제인 모리스 구달이다. 가족들은 전쟁으로 인해 그녀가 어릴 때 본머스 해안 마을로 이주했는데, 그곳은 자연과 가까운 곳이었다. 제인은 이곳에서 동물과 교감하며 자랐다. 그녀는 아주 어린 시절부터 동물에 대한 남다른 호기심을 지니고 있었다. 한 살 때 아버지로부터 장난감 침팬지 '주빌리'를 선물 받았는데 다른 아이들이 침팬지 인형을 무서워할 때, 제인은 이 인형을 무척 좋아했다. 이것이 평생 그녀의 침팬지에 대한 애정의 시작이 되었다고 그녀는 회고했다.

그녀는 네 살 무렵 암탉이 알을 낳는 과정을 직접 보고 싶다며 닭장에 몇 시간 동안 숨어 있다가 부모를 놀라게 한 일하로도 유명하다. 이때 이미 그녀의 관찰력과 인내심이 남달랐던 것으로 보인다. 어린 시절 제인은 책을 통해 상상력을 키웠다. 특히『타잔』과『닥터 두리틀』시리즈를 좋아하며 아프리카에서 동물과 함께 살겠다는 꿈을 품게 되었다. 정식으로 과학 교육을 받지 못했지만, 주변 자연을 관찰하며 스스로 배웠다. 이러한 습관이 훗날 현장 연구에서 큰 강점으로 작용했다.

　　　　　　　　　　　　　　　　　　　　

학창 시절에는 학비 문제로 대학에 바로 진학하지 못해 비서학교를 다니며 일을 시작했다. 그러나 어린 시절부터 품어온 아프리카의 꿈을 잊지 않고 아르바이트와 저축으로 여행 자금을 모았다. 1957년 친구의 초대로 그녀는 케냐로 떠날 수 있었고, 그곳에서 그녀의 운명을 바꾼 멘토 루이스 리키를 만나게 되었다.

◇ 그녀의 부모님은 그녀에게 어떤 영향을 미쳤을까?

그녀의 아버지 모티머 허버트 모리스 구달은 영국 출신으로 사업가이자 자동차 경주 드라이버였으며, 군인으로도 복무했다. 제2차 세계대전 당시 군 복무로 집을 비우는 일이 많았고, 전쟁 후에는 가정과 멀어져 결국 부모는 이혼했다. 그녀의 아버지는 직접 양육에 참여하는 시간이 많지 않았지만, 자연을 사랑하고 모험심이 강한 성향은 아버지에게서 일부 영향을 받은 것으로 전해진다.

그녀의 어머니 마가렛 마이리 조셉은 소설가이자 가정주부로, 전쟁 중 남편이 부재한 동안 두 딸(제인과 동생 주디스)을 본머스에서 키웠다. 그녀는 자녀의 호기심을 존중하며 끝까지 탐구하도록 격려한 분이었다. 제인이 암탉이 알을 낳는 과정을 보기 위해 몇 시간이나 닭장에 숨어 있었을 때도 화내거나 나무라지 않고 "끝까지 지켜본 네가 대단하다."라며 칭찬해 주었다. 제인이 과학자가 되고 싶다고 했을 때, 당시 여성에게는 흔치 않은 꿈이었지만 "원하면 할 수 있다."라며 적극적으로 지원해 주었다. 또한 제인이 아프리카에 가겠다는 꿈을 꿨을 때도 모험심과 용기를 북돋우며 아르바이트를 장려하고, 케냐행을 떠날 수 있도록 든든히 뒷받침해 주었다.

◇ 그녀는 어떤 관찰 습관을 갖고 있었을까?

제인 구달은 평생 뛰어난 '관찰력'으로 유명했다. 그녀의 연구 성과는 바로 이 섬세하고 인내심 있는 관찰 습관에서 비롯되었다고 할 수 있다. 어린 시절부터 자연 속에서 곤충, 새, 작은 동물들의 행동을 조용히 지켜보며 시간을 보내는 것을 좋아했다. 궁금한 점이 생기면 끝까지 포기하지 않고 관찰하며, 궁금증을 행동으로 옮기는 성향이 있었다.

그녀는 침팬지들이 자신을 경계하지 않도록 멀리서 조용히 지켜보며 수개월 동안 기다렸다. 그리고 매일 침팬지의 행동, 표정, 사회적 상호작용을 꼼꼼히 노트에 기록했다. 단순히 행동을 기록하는 데 그치지 않고, 개체의 성격과 감정을 이해하려고 노력했다.

제인은 조용하고 서두르지 않는 태도로 침팬지가 자연스러운 행동을 할 때까지 기다려 주었으며, 수십 년에 걸친 연구를 통해 개체의 생애 전체를 관찰할 수 있었다. 또한 침팬지를 번호가 아닌 이름으로 부르며 각 개체의 특성을 파악했다.

그녀의 관찰 덕분에 침팬지의 도구 사용과 사냥 행동, 감정 표현을 세계 최초로 기록할 수 있었고, 인간과 동물의 유사성을 과학적으로 입증하여 동물 연구의 새로운 지평을 열었다. 제인 구달의 관찰 습관은 궁금하면 직접 보고, 느끼고, 기록하고 알 때까지 "포기하지 않는다."라는 태도에서 비롯되었다. 그녀의 연구는 이 습관 덕분에 기존 과학의 한계를 뛰어넘어 인류가 동물을 바라보는 시각을 근본적으로 바꾸었다고 할 수 있다.

시몬 바일스

Simone Biles

> "자신의 마음을 관찰하고 돌보는 것이야말로
> 진정한 용기다."

시몬 바일스는 체조 역사상 가장 높은 난도의 기술을 수행하는 선수로 알려져 있으며, 그 배경에는 섬세한 관찰력과 분석 습관이 자리 잡고 있다. 그녀의 관찰 습관은 단순히 기술을 바라보는 데 그치지 않고, 자기 몸과 주변 환경을 세밀하게 분석하는 데 초점이 맞춰져 있다.

◇ 그녀의 어린 시절은 어땠을까?

그녀는 1997년 미국 오하이오주 콜럼버스에서 태어났다. 생부모는 약물 중독 문제로 양육이 어려웠으며, 시몬과 남매들은 어린 시절 보호시설을 전전하며 생활했다. 결국 그녀는 외할머니와 외할아버지에게 입양되어 텍사스 휴스턴에서 성장하게 되었다. 이 시절의 불안정한 환경은 그녀에게 강한 독립심을 심어주었다.

그녀가 6세 때 주간 보호 센터 소풍으로 간 체조 시설에서 트램펄린을 타는 모습을 코치가 보고 그녀의 잠재력을 발견했다. 이후 그녀는 본격적으로 체조 훈련을 시작했는데, 초등학교 시절부터 놀라운 유연성과 근력을 보였다. 그녀는 학교 공부보다 훈련에 더 많은 시간을 쏟기 위해 '홈스쿨링'으로 전환하여 체조 훈련에 전념했다.

어린 나이에도 매일 수 시간에 걸친 강도 높은 훈련을 견디며 기본기를 다졌고, 작은 동작 하나하나를 세밀히 관찰하고 반복하는 태도는 이때부터 형성되었다. 또 실수를 두려워하지 않고 넘어져도 다시 도전하는 끈기가 두드러졌다.

8세에 첫 대회에 출전해 두각을 나타냈는데, 10대 초반에는 이미 국가대표 후보로 주목받기 시작했다. 어려운 환경 속에서도 외할머니의 지지와 코치의 훈련 덕분에 그녀는 꿈을 향해 흔들림 없이 나아갈 수 있었다.

◇ 그녀의 부모님은 그녀에게 어떤 영향을 미쳤을까?

시몬 바일스는 생부모 대신 외할머니 넬리와 외할아버지 론에게 입양되어 텍사스에서 성장했다. 외할머니 넬리는 간호사이자 사업가였으며, 외할아버지 론은 공군 출신으로 그녀에게 안정적인 가정을 제공했다. 이 부부는 시몬을 비롯한 손주들에게 부모 이상의 사랑과 지지를 아끼지 않았으며, 그녀의 성공에 결정적인 역할을 했다.

어린 시몬이 보호시설에서 불안정한 유년기를 보내자, 넬리와 론은 가장 먼저 '안전한 집'을 최우선으로 마련해 주었다. 가정의 따뜻함과 규칙적인 생활을 통해 시몬이 마음 놓고 꿈을 꿀 수 있는 환경을 조성한 것이다. 시몬이 체조에 강한 열정을 보이자, 그들은 비용과 시간을 아끼지 않고 적극적으로 지원했다. 넬리는 "네가 원하는 것을 하되, 최선을 다해라."라며 항상 그녀의 선택을 존중해 주었다.

체조 훈련 때문에 '홈스쿨링'을 하게 되었을 때 훈련만큼이나 학업의 기본이 중요하다는 인식을 심어주었고 체조와 학업의 조화를 이루도록 시몬을 지도했다.

그들은 시몬에게 실패와 어려움을 극복하는 법을 가르쳐 주었다. "넘어져도 다시 일어나라."라는 메시지를 반복하며, 어려운 상황에서도 포기하지 않는 태도를 길러주었다. 도쿄 올림픽에서 시몬이 심리적 이유로 경기 일부를 포기했을 때 그들은 그녀에게 비난 대신 지지를 보내 주었다.

◇ 그녀는 어떤 관찰 습관을 갖고 있었을까?

체조는 0.1초의 균형 차이가 승패를 가르는 종목이다. 바일스는 훈련할 때 항상 자신의 근육의 긴장, 호흡, 무게 중심을 세밀하게 관찰했다. 피로하거나 작은 부상 신호가 느껴지면 그냥 넘기지 않고 기록하거나 코치와 공유했다. 이러한 습관이 큰 부상을 예방하고 경기력의 안정성을 높이는 데 이바지했다.

　그녀는 자신의 연기를 촬영해 수십 번 돌려 보며, 눈에 잘 띄지 않는 자세의 흔들림과 손끝의 각도까지 세심하게 관찰했다. 작은 '흔들림'을 발견하고 개선하는 능력이 세계 최고 난도의 기술을 완성하는 비결이었다. 그녀는 경기 중에도 관객의 분위기, 매트의 상태, 심판의 반응까지 유심히 살폈다. 단순히 연기하는 것이 아니라, "지금, 이 환경에서 내가 어떻게 하면 최선을 다할 수 있을까?"를 순간적으로 판단하는 데 관찰력이 큰 역할을 했다.

　또 경쟁 선수나 선배들의 연기를 관찰하며 동작의 리듬, 착지 타이밍, 균형 유지 방식을 세밀하게 분석해 자신의 연습에 적용했다. 코치와 함께 동작 하나하나를 느리게 확인하며 미세한 조정점을 찾아냈다. 난도가 높은 '바일스 기술(Biles)' 시리즈를 성공시키기 위해 각 회전 속도, 손 위치, 착지 각도를 수십 차례 관찰하고 분석했다.

　2021년 도쿄 올림픽 때 그녀는 유력한 금메달 후보였으나 공중에서 몸의 방향 감각을 잃는 슬럼프의 일종인 '트위스티스(twisties)' 현상을 겪으며 단체전 도중 기권하고 말았다. 많은 비난을 감수하고 그녀는 자신의 정신적 고통을 솔직하게 밝히며 휴식을 선택했고, 이는 전 세계 운동선수들에게 큰 영향을 주었다. 이후 그녀는 2년간의 공백 기간을 거치고 2024

년 파리 올림픽에서 완벽하게 부활할 수 있었다. **그녀는 자신을 관찰하며 "나는 지금 위험하다."라는 내적 신호를 무시하지 않았고, 그 결과 정신 건강을 지키는 쪽을 선택했다.**

7

웃음

밝게 웃는 아이, 세상도 밝힌다

세상에 수많은 소음이 있어도 단숨에 주변의 공기를 바꾸는 소리가 있다. 바로 아이의 웃음소리이다. 우리는 그 소리를 듣는 것만으로도, 무거웠던 마음의 짐을 잠시 내려놓고 함께 미소 짓게 된다. 웃음과 미소에는 긴장을 풀고 마음의 거리를 좁혀 주는 가장 간단하면서도 강력한 힘이 있다.

말보다 먼저 전해지는 표정, 특히 밝게 웃는 얼굴은 따뜻함과 신뢰감을 주어 낯선 상황에서도 상대의 마음을 열게 만든다. 지치고 힘든 하루에도 누군가의 눈을 바라보며 건네는 짧은 미소는 상대방에게 "너 혼자가 아니야."라는 따뜻한 위로가 된다. 가끔은 설명하지 않아도 된다. 함께 웃는 순간, 말로 다 표현하지 못했던 마음이 전해진다. 낯설던 사람도, 어색했던 관계도 웃음 하나로 가까워진다. 웃음은 관계를 깊게 해주는 작은 기적과 같다.

아이가 밝게 웃는다는 것은 그 아이의 세계가 지금 안전하고 평온하다는 증거다. 괜찮다는 신호다. 부모에게 칭찬을 받았을 때, 재미있는 발견을 했을 때, 혹은 그저 눈이 마주쳤을 때, 터져 나오는 그 웃음은 아이가 세상을 향해 보내는 가장 긍정적인 답장이다. 웃음을 먹고 자란 아이는 타인에게도 기꺼이 자신의 밝은 에너지를 나누어 줄 줄 아는 어른으로 성장한다.

웃는 습관은 긍정적인 마음을 키워준다. 친구와의 관계와 가족과의 대화를 한층 부드럽게 만들어 주기도 한다. 마음에서 우러나오는 작은 미소 하나가 아이의 하루와 주변 사람들의 하루를 동시에 밝혀 줄 수 있다.

이 웃음의 힘을 누구보다 잘 보여준 사람들이 있다. 웃음을 통해 무대와 스크린에서 사람들의 마음을 사로잡은 코미디언 **케빈 하트**. 언제 어디서나 팬들에게 진심 어린 미소를 전하며 사랑받는 가수 **아이유.** 화려한 배우이자 동시에 우아한 미소로 전 세계를 매료시킨 **오드리 헵번.** 이제 우리는 이 세 사람의 이야기를 통해 웃음이 어떻게 관계를 깊게 하고 세상을 따뜻하게 바꾸는 힘이 되는지 알아보자.

케빈 하트

Kevin Hart

> "무엇에서든 웃음을 찾을 수 있다면,
>
> 어떤 고난도 이겨낼 수 있다."

그는 미국의 코미디언, 배우, 작가, 프로듀서로서 세계에서 가장 영향력 있는 코미디 스타 중 1명이다. 현대 미국 스탠드업 코미디의 대표 아이콘으로 불리며, 그의 인생 이야기와 유머 철학은 많은 이들에게 영감과 긍정의 힘을 선사한다.

그는 한국에서도 잘 알려진 〈쥬만지〉 시리즈를 비롯해 다양한 장르에서 활약하는, 코미디와 액션을 넘나드는 글로벌 스타로 사랑받고 있다. 작은 체구와 특유의 리듬감 있는 말투로 전 세계 관객에게 익숙하고 친근한 캐릭터로 자리 잡았다. 또한 그는 스스로 디지털 콘텐츠, 팟캐스트, 코미디 쇼를 제작하고 배포하는 플랫폼을 구축한 기업가이자 콘텐츠 제작자로서도 활동하고 있다. 케빈 하트는 장학금 지원과 청소년 멘토링을 통해 자신의 성공을 사회에 환원하는 인물이기도 하다.

◇ 그의 어린 시절은 어땠을까?

그는 1979년 미국 펜실베이니아주 필라델피아의 빈곤 지역에서 태어났다. 어머니가 주로 혼자서 양육하셨고, 아버지는 마약 문제와 법적 문제로 인해 어린 시절 케빈의 삶에 안정적으로 존재하지 못한 시기가 많았다. 그는 사실상 편부모 가정에서 자랐으며, 케빈은 나중에 아버지를 보며 "나는 절대 저렇게 살지 않겠다."라고 다짐했다고 한다. 그는 가난, 아버지의 부재, 학교 폭력 등에서 도망치기 위해 웃음을 선택했다. 그것이 그만의 생존 전략이었다. 그는 감정 표현을 웃음으로 전환하는 기술을 유년기에 체득했다.

실제로 그는 어린 시절부터 유머 감각이 뛰어났으며, 가족이나 친구들 앞에서 웃음을 유도하는 경향이 많았다. 고등학교 졸업 후 처음에는 구두 판매원 같은 일을 하며 생계를 이어갔지만, 본인의 진짜 꿈인 '사람들을 웃기는 것'을 포기하지 않았다. 그는 작은 코미디 클럽, 볼링장 등 무대 섭외 기회를 찾아다니며 공연을 시작했는데, 이때 그가 겪었던 일을 비탕으로 한 유머 스타일이 점차 자리 잡기 시작했다.

◇ 그의 부모님은 그에게 어떤 영향을 미쳤을까?

그의 어머니 낸시 하트는 매우 엄격하고 독실한 크리스천으로, 가난 속에서도 아들을 잘 키우기 위해 애쓰며 케빈을 강인하게 만들고자 노력했다. 그녀는 케빈이 방과 후 자유롭게 돌아다니지 못하게 했고, 정해진 일 정에 따라 학업과 활동을 철저히 관리했다. 때로는 코미디 공연 연습조차 일정이 어긋나면 제지할 정도로 원칙을 중시했다.

학교 성적과 자기 관리가 최우선이라는 생각으로, 케빈이 학업에 소홀할 때는 엄격히 단속하며 스스로 노력하는 습관을 들이도록 했다. 그의 어머니는 겉으로는 엄격했지만, 실제로는 늘 뒷바라지를 아끼지 않았고, 케빈이 코미디 무대에 서고 싶다고 했을 때도 "학업과 책임을 지킨다면"이라는 조건으로 케빈이 하는 일을 묵묵히 지원해 주셨다.

케빈은 여러 인터뷰에서 "어머니 앞에서는 농담을 많이 하지 않았다. 어머니는 웃음보다는 성실함, 성적, 책임을 더 중시하셨다."라고 회상했는데, 이는 약물 문제와 감옥 출입으로 자주 집에 없었던 아버지의 부재가 집안 분위기에 영향을 미쳤기 때문으로 보인다. 그래서 케빈은 집보다는 학교, 친구들, 무대에서 웃음을 발산했고, 집에서는 엄격한 규율 속에서 생활했다. 집에서는 마음껏 웃음을 터뜨리기 어려웠지만, 오히려 그 억눌림이 코미디에 대한 갈망을 키웠다. 밖에서 친구들을 웃기며 얻은 자신감과 집에서 배운 규율 및 자기 관리 덕분에 그는 훗날 세계적인 코미디언으로 성장할 수 있었다.

◇ 그는 어떻게 웃는 습관을 갖게 되었을까?

그의 웃음 습관은 단순한 직업적 유머 감각이 아니라, 인생을 극복하고 성장하게 만든 생활 방식이자 그의 삶 전체를 지탱해 준 핵심 무기라고 할 수 있다. 어린 시절 아버지의 부재와 가정의 불안정, 그리고 엄격한 어머니 밑에서 자라면서 집은 웃음보다는 긴장이 가득한 공간이었다. 그런 케빈은 밖에서 친구들을 웃기는 습관을 키웠고, 힘들거나 불편한 상황에서도 사람들을 웃기며 자신감을 얻었다. 그는 어린 시절부터 '웃음은 방패이자 무기'라는 태도가 몸에 배어 있었다.

무대에 설 때마다 자신의 인생 경험을 솔직하게 꺼내어 유머로 승화시켰다. 아픈 기억조차 웃음으로 바꾸는 습관은 자기 치유에 효과적이었다.

그는 인터뷰에서 "내 삶을 웃음으로 만들지 않았다면, 나는 상처에 무너졌을 것이다."라고 말하기도 했다. 그는 사소한 상황도 유쾌하게 해석하며, 일상의 스트레스를 유머로 전환한다. **불안과 분노 대신 웃음을 선택하며 자신의 감정을 웃음으로 다스리는 것이다.**

그는 "내가 웃을 수 있다면, 아무리 힘든 일도 이겨낼 수 있어요.", "웃음은 나의 해방구였어요. 슬픔과 고통이 날 삼키기 전에 내가 먼저 웃어 버린 거죠."라고 말한다. 평소에도 그는 웃음을 먼저 건네는 습관을 지니고 있는데 주변 사람들과의 관계에서 갈등이 생기면, 농담과 웃음으로 분위기를 풀어낸다. 그의 웃음은 단순한 성격이 아니라, 삶을 긍정으로 이끌려는 의식적인 습관이다. 케빈 하트는 웃는 습관으로 세상의 공격을 무장 해제시킨 사람이다. 그는 웃음으로 자신을 지키고, 타인을 위로하며, 삶을 예술로 만든 인물이다.

아이유

가수, 싱어송라이터, 배우

> "진짜 웃을 수 없을 때는, 웃는 척이라도 해보세요.
> 그러다 보면 어느 순간 진짜로
> 웃고 있는 자신을 발견하게 될 거예요."

아이유(본명: 이지은)는 한국 대중음악을 대표하는 가수로서, 음악과 연기뿐만 아니라 진심 어린 소통으로 사람들의 마음을 사로잡는 아티스트이다. 2008년 소녀의 모습으로 데뷔했지만, 지금은 자신만의 언어와 멜로디로 세대를 아우르며 한국 대중음악을 대표하는 아이콘이 되었다. 그녀의 노래는 따뜻한 편지처럼 일상에 스며들고, 그녀의 연기는 섬세한 감정선으로 시청자의 마음을 울린다.

무대 위에서는 당당하고, 팬들 앞에서는 친근하며, 사회에는 꾸준히 선한 영향력을 전하는 모습으로 아이유는 '국민 여동생'을 넘어 이제 대한민국이 사랑하는 만능 연예인이 되었다. 그녀는 무대, 예능, 인터뷰, 팬 미팅, 촬영장 등 어디에서나 항상 미소를 머금고 있다. 심지어 긴장되거나 슬픈 상황에서도 상대방을 배려하는 미소를 잃지 않는다. 그녀는 웃음을 단순한 감정 표현이 아니라 상대방에 대한 존중과 경청의 방식으로 사용한다. 상대가 말할 때 고개를 끄덕이며 웃는 습관 덕분에 그녀는 함께 있는 사람들을 기분 좋게 만든다.

그녀는 1993년 서울에서 태어났다. 밝고 유쾌한 현재의 이미지와는 달리, 그녀는 힘든 유년기를 보냈다. 초등학교 저학년 때까지만 해도 경제적으로 유복한 환경에서 자랐다. 하지만 어머니가 친척의 보증을 잘못 서주는 바람에 순식간에 집안 형편이 어려워졌다. 채무 문제로 인해 집에 빚쟁이들이 들이닥치기도 하고, 집 물건에는 빨간딱지가 붙었다. 그리고 가족은 뿔뿔이 흩어져야 했고 아이유는 외할머니 집에서 동생과 함께 살게 되었다. 바퀴벌레가 출몰하는 단칸방에서 시장에서 액세서리를 팔아 손주들을 건사하신 할머니였다. 하지만 그녀는 외할머니 밑에서 사랑과 보호를 받으며 자라면서 정직하고 따뜻한 마음을 배울 수 있었다.

그녀는 어린 시절부터 노래하는 것을 좋아하는 밝은 아이였다. 힘든 환경 속에서도 음악 방송을 보며 가수를 꿈꿨다. 작은 무대에 서거나 교내 활동에서 노래를 부르며 자신감을 키우기도 했는데 학교에서는 내성적이고 조용했지만, 무대에 서면 밝게 변하는 아이였다. 그녀는 중학교에 진학하면서 본격적으로 오디션에 도전하기 시작했고 수많은 기획사 오디션을 보았지만, 번번이 떨어졌다.

그 과정에서 기획사 사기를 당해 돈만 잃고 기회는 얻지 못하는 아픈 경험도 했다. 어린 나이에 좌절할 법한 순간이었지만, 아이유는 꿈을 포기하지 않았다. 아이유는 훗날 인터뷰에서 외할머니의 신뢰 덕분에 "나는 나를 믿고 다시 도전할 힘을 얻었다."라고 말했는데, 외할머니는 사실상 안정된 보금자리와 정서적 지지를 주는 부모 같은 존재였다. 아이유는 결국 2007년 로엔 엔터테인먼트 오디션에 합격해 연습생이 되었고, 2008년 '아이유(너와 나)'라는 이름으로 데뷔할 수 있었다.

아이유는 중학교 시절부터 일기, 가사, 메모를 꾸준히 쓰는 습관을 길렀으며, 지금도 이들이 자작곡 가사의 소재와 주제가 되곤 한다. 그녀의 어린 시절은 가난과 고립, 그리고 책임감 속에서 자라난 시기였지만, 그 경험은 인내심, 공감 능력, 자율성, 그리고 예술성을 키우는 밑거름이 되었다. 특히 현재 밝고 따뜻한 미소는 그녀가 스스로 단련해 온 삶의 태도이자 습관이라 할 수 있다.

◇ 그녀의 부모님은 그녀에게 어떤 영향을 미쳤을까?

아이유가 어린 시절, 부모님은 경제적으로 매우 어려운 상황에 있었다. 빚 문제로 인해 생활이 힘들어졌고, 결국 어린 아이유와 남동생은 부모님과 떨어져 외할머니와 함께 살게 되었다. 아이유의 부모님은 생계를 위해 바쁘게 일하면서도 그녀가 음악을 포기하지 않도록 물심양면으로 도우려 애썼다. 하지만 경제적 여건상 직접 돌봐주지 못하셨고, 대신 외할머니가 사실상 양육자 역할을 맡았다.

할머니는 어린 손주들을 위해 새벽부터 일하시며 식비를 아끼셨다. 돈은 많지 않았지만, 할머니는 항상 성실하게 살며 작은 것에 감사하는 태도를 몸소 보여주셨다. 인내심도 직접 가르쳐주셨다. 아이유는 이 시기에 어른들 앞에서는 항상 웃는 얼굴을 유지하는 법을 익혔다. 아이유는 후에 "할머니는 제 인생의 첫 번째 팬이에요. 저를 늘 믿어주셨고 '잘될 거야.'라는 말을 가장 많이 해주셨어요."라고 말하며 할머니에 대한 감사한 마음을 표현하기도 했다. 아이유는 어려운 가정 형편 속에서도 "가족을 위해 내가 성공해야 한다."라는 강한 동기를 가지게 되었고, 이것이 지금 성실함과 꾸준함으로 이어졌다고 할 수 있다.

훗날 인터뷰에서 아이유는 부모님에 대해 구체적으로 많이 이야기하지는 않았지만, 부모님의 어려움이 오히려 자신의 근성과 책임감을 길러주었다고 언급하기도 했다.

◇ 그녀는 어떻게 웃는 습관을 갖게 되었을까?

아이유가 지금처럼 보는 사람까지 행복하게 만드는 '밝은 웃음'을 갖게 된 과정은 그녀가 어린 시절 겪었던 시련을 '긍정의 에너지'로 바꾼 결과로 볼 수 있다. 그녀는 웃음을 잃지 않고 끝까지 웃는 연습을 하며 자신의 습관으로 만들었다.

그럴 수 있었던 이유는 부모님과 떨어져 지낼 때, 아이유를 지탱해 준 분, 할머니가 계셨기 때문이다. 비록 가난했지만, 할머니는 손주들을 사랑으로 보듬어 주셨고 시장에서 열심히 일하시며 유머를 잃지 않으셨다. 훗날 아이유는 할머니가 차려주신 감잣국을 먹으며 소소한 행복을 느꼈던 기억이 자신의 긍정적인 가치관 형성에 영향을 미쳤다고 고백했다. 그녀는 할머니를 통해 슬픈 상황에서도 웃을 수 있다는 것을 배웠다.

아이유는 어린 나이에 이미 세상을 객관적으로 바라보는 눈을 가졌다. 주변의 무시나 사기, 거듭된 오디션 낙방 등 상처받기 쉬운 상황에서 아이유는 울기보다 웃음을 택했다. 슬픔에 매몰되지 않기 위헤, 의도적으로 밝게 행동하며 자신을 다독인 것이다. 그녀는 '내가 힘든 티를 내면 주변이 더 힘들어진다'는 사실을 일찍 깨닫고, 오히려 주변 사람들을 안심시키기 위해 먼저 웃어주는 성숙함을 보였다.

음악은 그녀에게 도피처이자 유일한 분출구였다. 그녀는 집보다 연습실

　　　　　　　　　　　　　　　　　　　　　　2부 너는 어떤 아이일까?

이 더 따뜻하고 배부르게 먹을 수 있었기에, 연습실이 좋았다. 연습하는 시간 자체가 진심으로 즐거웠다. 자신이 좋아하는 일을 하고 있다는 확신이 그녀의 얼굴에 천진난만한 웃음을 되찾아 주었다.

아이유는 역경 속에서도 할머니의 사랑과 음악이라는 꿈을 통해, 슬픔을 웃음으로 승화시키는 법을 스스로 터득했다. 그녀는 꾸밈없는 '진짜' 웃음을 지어 타인의 긴장을 풀어준다. 인터뷰, 팬 사인회, 무대 등에서 상대의 말에 꼭 미소나 웃음으로 호응한다. 시상식, 무대 실수, 돌발 상황에서도 미소로 분위기를 부드럽게 전환하며 긴장된 상황을 웃음으로 녹이기도 한다. 아이유가 보여주는 '자연스러운 미소'는 억지로 표정을 만드는 것이 아니라 내면에서 우러나올 때 나타난다.

그녀는 슬럼프, 악성 댓글, 건강 문제를 겪으면서도 '괜찮은 척'이 아니라 진짜 괜찮아지려고 웃는 사람이다. 웃으면서 슬픔과 무거운 분위기까지 스스로 정화하고 감정을 조절한다.

<u>그녀는 "사람들을 기분 좋게 해주는 사람이 되고 싶어요. 그래서 웃는 연습을 정말 많이 했어요."라고 말했다.</u> 아이유의 웃음은 가식이 아닌 배려에서 시작된 미소이다. 그리고 그 웃음은 팬들의 삶까지도 따뜻하게 만든다. 그녀는 말보다 먼저 웃음으로 사람에게 말을 건넨다.

오드리 헵번

Audrey Hepburn

> "나를 웃게 해주는 사람들을 사랑해요.
> 솔직하게 말하면, 웃는다는 건 내가 가장 좋아하는 일이에요.
> 웃음은 많은 아픔을 치유하죠.
> 어쩌면 사람에게 가장 중요한 것이기도 해요."

오드리 헵번은 배우이자 인도주의 활동가로, 20세기 가장 사랑받는 배우 중 한 사람이다. 1953년 영화 〈로마의 휴일〉에서 왕세자빈 역을 맡아 아카데미 여우주연상을 받으며 세계적인 스타로 떠올랐고, 이후 〈사브리나〉, 〈티파니에서 아침을〉, 〈마이 페어 레이디〉 등 수많은 명작에 출연했다. 그녀는 특유의 절제된 우아함과 인간적인 따뜻함으로 패션·영화·문화 전반에 깊은 흔적을 남겼다.

◇ 그녀의 어린 시절은 어땠을까?

그녀는 1929년 벨기에 수도 브뤼셀에서 태어났다. 아버지는 호탕한 영국 신사였고, 어머니는 네덜란드계 귀족 출신으로 교양과 품위를 갖춘 사람이었다. 그녀는 유럽 귀족 혈통과 영국식 교육을 동시에 받으며 성장했다. 부모님은 물론 두 오빠의 사랑까지 독차지하며 자란 오드리의 어릴 적 이름은 '에다'였다. 예술을 사랑하는 부모님의 영향으로 그녀는 어려서부터 아름다운 음악을 접하며 자랐고 언제 어디서든 음악 소리만 들리면 폴짝거리며 춤을 추곤 했다.

그런 그녀에게 어느 날 갑자기 부모님의 이혼 소식이 찾아왔다. 오드리가 6세 때 아버지는 말없이 그녀를 떠났고, 오드리는 이 일로 몸과 마음에 큰 상처를 얻었다. 남편과 이혼한 어머니는 네덜란드의 작은 마을로 이사를 했다. 새로운 환경을 만나면 오드리의 병이 좀 나아지지 않을까 하는 기대에서였다. 다행히 그녀는 새로운 친구를 만나며 조금씩 밝은 성격을 되찾았고, 발레를 배우며 발레리나를 꿈꾸기 시작했다. 그러던 어느 날 어머니가 오드리를 급하게 깨웠다. 1939년 9월 1일 제2차 세계대전이 벌어진 것이다.

그날 이후 그녀는 독일 점령하에서 기아와 공포 속에 힘든 시간을 보내야 했다. 그녀의 가족과 친구 중 나치에 의해 희생된 사람도 있었고, 피난을 가며 수천 명의 사람들이 굶주림과 질병으로 소중한 목숨을 잃었다.

1945년 8월 15일 오드리가 열여섯 살이 되던 해에 드디어 악몽 같던 전쟁이 끝났다.

전쟁 후 오드리는 발레를 본격적으로 공부하며 예술적 재능을 키웠다.

그녀는 더 큰 무대에서 공부하기 위해 영국에서 가장 유명한 발레 학교인 '발레 램버트'에 장학생으로 입학 했다. 하지만 그녀는 전쟁으로 인한 영양실조와 다리 부상 등으로 발레리나의 꿈을 접어야 했다. 거리를 방황하던 오드리는 뮤지컬 공연을 우연히 보게 되면서 새로운 심장을 얻은 기분을 느꼈다. 음악과 춤을 사랑하는 오드리는 뮤지컬 배우로 연기 생활을 시작하게 되었고 작은 역할에도 최선을 다했다. 그리고 그녀는 멋진 배우가 되겠다는 새로운 꿈을 갖게 되었다.

◇ 그녀의 부모님은 그녀에게 어떤 영향을 미쳤을까?

그녀의 아버지는 그녀의 인생에서 가장 큰 상처이자, 평생의 그리움으로 남은 인물이다. 그는 여러 나라를 오가며 금융 및 무역업을 하던 사업가였다. 그는 오드리에게 영국식 품위와 자기 절제의 태도를 가르쳤지만, 가정에는 소홀했다. 오드리가 여섯 살 때 그는 아무 말도 없이 집을 떠났다. 이후 그녀는 오랫동안 버려졌다는 감정과 함께, 사랑받을 수 있을까 하는 두려움을 품고 성장하게 되었다.

그녀의 어머니 엘라는 귀족적 품위와 절제를 중요하게 여겼다. 외모와 말투, 행동에서 단정함과 예의를 지키는 것을 무엇보다 중요하게 여겼다. 감정이 아무리 흔들려도 자세를 흐트러뜨리지 않는 절제된 성품이 강하게 드러났다. 어머니는 오드리에게 발레, 예술, 언어 등에 대한 관심을 심어주었다. 전쟁과 이혼 후에도 딸을 지키기 위해 헌신했고, 오드리에게 예술적 감수성, 우아함, 내면의 강인함을 길러주었다. 그녀의 어머니는 "어떤 상황에서도 품위와 친절을 잃지 말아라."라는 가치관을 오드리에게 가르쳐 주었다. 물질적 성공보다 인간적인 따뜻함과 품격을 더 중시하라고 가르치기도 했다. 하지만 어머니의 차가운 듯한 태도는 오드리에게 외로움과 공허함을 남기기도 했다.

오드리 헵번은 어린 시절 큰 상처를 준 아버지와, 품격과 예술적 감각을 가르쳐준 강인한 어머니 밑에서 성장했다. 이 두 부모의 영향은 그녀를 겸손하면서도 강인하고, 내면이 깊은 사람으로 만들었다.

◇ 그녀는 어떻게 웃는 습관을 갖게 되었을까?

배우로서의 삶을 내려놓은 뒤 그녀는 유니세프 친선 대사로 전 세계의 아이들을 만났다. 기근과 전쟁으로 상처받은 아이들 앞에서 그녀는 늘 먼저 미소를 건넸다. 오드리 헵번의 따뜻하고 진심 어린 미소는 타고난 성향이라기보다 삶이 가르쳐준 선택에 가까웠다.

어린 시절 그녀는 전쟁과 굶주림, 아버지의 부재라는 깊은 상처 속에서 자랐다. 네덜란드에서 겪은 식량 부족과 공포의 나날은 아이였던 오드리를 빠르게 성장시켰을 것이다. 그녀는 일찍부터 어둠 속에도 자신을 지키는 1가지를 찾아야 했다. 그때 그녀를 붙잡아준 것이 바로 춤과 미소였다.

발레를 배우며 무대에 설 때, 그녀는 잠시나마 전쟁을 잊을 수 있었다. 사람들 앞에서 밝게 웃을 때만은 세상이 조금 덜 무섭게 느껴졌다. 웃음은 그녀에게 현실을 견디는 힘이 되었고, 마음을 다시 세우는 작은 피난처가 되었다.

성인이 된 후 오드리는 웃음이 사람을 연결하고 상처를 치유하는 가장 빠른 길이라는 것을 깨달았다. 전쟁의 경험은 그녀에게 아픔을 알게 했고 그 아픔을 알기에 타인의 고통에도 민감한 사람이 될 수 있었다. 그래서 그녀는 말했다. "나를 웃게 하는 사람들을 사랑해요. 웃음은 많은 아픔을 치유하죠." 그녀의 웃음은 가볍지 않았다. 그녀의 웃음은 상처를 지나는 동안 스스로 만들어낸 다정함이었고 누군가의 하루를 덜 무겁게 하려는 조용한 선택이었다. 그 선택이 쌓여 세상은 오드리를 가장 따뜻하게 웃는 배우로 기억하게 되었다.

그녀의 미소는 단순한 외모적 매력이 아닌, 상처를 지나온 사람이 건네는 가장 따뜻한 위로이자 부드럽게 세상을 안아주는 조용한 빛과 같다.

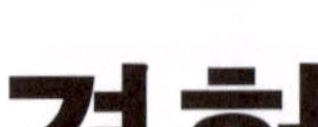

경험

새로운 시도가 아이의 세계를 확장한다

아이들에게 "너의 꿈이 뭐니?"라고 물으면, 바로 대답하는 아이들도 있겠지만, 대답하기 주저하는 아이들이 더 많을 것이다. 아직 해보지 않은 일이 너무 많기 때문이다. 꿈은 머릿속에서 갑자기 '뚝' 떨어지는 것이 아니라, 직접 부딪치고 경험하는 과정에서 서서히 빚어진다. 하지만 많은 부모는 아이가 일찍부터 자신의 꿈을 찾기를 바란다. "너는 무엇이 되고 싶니?"라는 질문을 반복하며, 마치 빨리 답을 내야만 안심할 수 있는 것처럼 행동한다.

꿈은 꼭 어릴 때 정해지지 않아도 괜찮다. 우리 아이들의 삶은 길고, 그 길 위에서 우리는 수없이 변한다. 아이가 지금 당장 자신의 꿈을 말하지 못한다고 해서 실패한 것도, 뒤처진 것도 아니다. 중요한 것은 꿈을 일찍 정하는 것이 아니라, 경험을 통해 자신을 알아 가는 과정일 것이다. 다양한 경험은 아이의 세계를 넓혀주고, 마음속에 숨어 있는 가능성을 깨운다.

춤을 추다가 음악을 발견하기도 하고, 여행 속에서 세상에 대한 호기심이 커지기도 하며, 뜻하지 않은 실패에서 새로운 길을 찾기도 한다. 꿈은 이렇게 예상치 못한 순간, 경험 속에서 조금씩 모습을 드러낸다.

장사를 하며 수없이 부딪히고 실패한 뒤 다시 일어선 경험이 지금의 '음식과 사람, 경영을 아우르는 전문가' **백종원**을 만들었다. 그의 말 한마디에 힘이 실리는 이유는 책에서 배운 지식이 아니라 땀으로 부딪히며 쌓은 다양한 경험이 담겨 있기 때문이다.

화려한 무대, 예능, 그리고 제주에서의 삶까지. 가수로 시작해 예능인, 환경운동가로 삶의 영역을 확장한 **이효리.** 그녀는 늘 새로운 방식으로 살아가고자 했다. 그래서 지금은 '노래하는 연예인'이 아니라, 삶의 방식 자체로 영감을 주는 사람이 되었다. 다양한 경험이 없었다면, 그녀는 여전히 무대 위의 스타로만 남아 있었을지도 모른다.

세계적인 배우로서의 경험에 머무르지 않고, 전쟁과 난민 문제 현장을 직접 발로 뛰며 배우가 아닌 인도주의자로 살아가는 길을 선택한 **안젤리나 졸리.** 그녀는 다양한 경험을 통해 자기 영향력을 더 넓은 세상으로 확장한 대표적인 인물이다.

위 세 사람의 공통점은 다양한 경험이 그들을 더욱 단단하게 만들었다는 점이다. 실패와 도전이 쌓여 진정한 전문성이 된다. 여러 길을 걸어본 사람은 한 길에 얽매이지 않는다. 다양한 경험이 나를 더 자유롭게 만드는 것이다. 이러한 경험은 나뿐만 아니라 세상을 바라보는 시야도 깊어지게 한다. 결국, 다양한 경험은 삶을 풍요롭게 하고 나만의 길을 찾아가게 하는 가장 큰 자산이 된다.

우리에게 필요한 것은 완벽한 계획이 아니라, 작은 경험이라도 과감히 시도해 보는 용기일 것이다. 새로운 맛을 경험하는 것, 새로운 사람을 만나는 것, 새로운 길을 걸어보는 것. 그 작은 경험들이 모여 결국 '나만의 인생 이야기'를 만들어 준다.

백종원

요리 연구가, 사업가, 방송인

> "직접 경험하지 않으면 문제에 대해
>
> 진정한 호기심을 가질 수 없다.
>
> 지금 당장 작은 것부터 시작하라.
>
> 그러면 당신만의 개성을 발견할 수 있을 것이다."

그는 한국에서 가장 유명한 요리 연구가이자 외식 사업가, 방송인으로서 요리 문화를 대중화시키고 있으며, '백주부', '국민 요리 멘토'와 같은 친근한 이미지로 많은 사랑을 받고 있다. 더본 코리아의 대표로서 새마을 식당, 홍콩반점, 빽다방 등 약 스무 개 이상 브랜드를 보유하고 있다. 그는 새로운 식당에 가면 여러 메뉴를 주문하여 비교하곤 한다. 대학 시절부터 술집, 음식점, 바 등을 직접 운영하며 수익이 나지 않아두 쉽게 포기하지 않고 원인 분석을 습관화했다. 그는 한국은 물론 일본, 중국, 동남아시아, 미국 등의 로컬 식당과 시장을 직접 경험하며 단순히 음식을 먹는 데 그치지 않고, 메뉴 구성, 식재료, 손님 응대 방식까지 꼼꼼히 비교하며 경험을 쌓았다.

그는 1966년 충청남도 예산에서 태어나 자랐다. 백종원의 집은 교육자 집안으로, 교육과 규율을 중요시하는 가정 분위기 속에서 성장했다. 어릴 때부터 활발하고 장난기 많은 성격이었고 관찰력이 뛰어났다. 부모님은 학교 공부를 중시했으나, 백종원은 어려서부터 공부보다는 먹는 것과 요리에 더 큰 관심을 보였다. 밥을 남기는 것을 싫어했고, 맛있게 먹는 것 자체를 큰 즐거움으로 삼았다. 아버지가 출장에서 사 온 햄버거를 보고는 그대로 먹기보다 "이걸 이렇게 바꾸면 더 맛있지 않을까?"라는 생각을 하기도 했다. 단순히 음식을 소비하는 데 그치지 않고, 변형하고 실험하려는 태도는 어린 시절부터 드러났다. 집에서 늘 "먹는 것을 귀하게 여겨라."라는 교육을 받아 음식에 대한 애정도 남달랐다.

그는 초등학생 시절부터 할머니 몰래 주방에 들어가 직접 요리를 해보았는데, 집에 있는 간단한 재료로 국이나 반찬을 흉내 내며 요리에 대한 호기심을 키웠다고 한다. 이후 대학에 진학한 그는 아르바이트로 치킨집에서 일했다. 그곳에서 직접 전단을 만들어 배달하며 손님을 늘리는 방법을 찾기도 했다. 그것은 작은 시도였지만 "내가 움직이면 변화가 생긴다."라는 확신을 얻은 값진 경험이었다. 군대에서는 요리하는 장교로 복무했는데, 무채 써는 연습을 반복하며 조리병들의 신뢰를 얻은 일화도 있다. 이처럼 그는 주어진 환경에서 자신이 할 수 있는 일을 찾아내고, 꾸준히 경험하며 성취로 연결했다.

◇ 그의 부모님은 그에게 어떤 영향을 미쳤을까?

그의 아버지는 충남 교육감까지 역임하신 교육자로, 아들이 교육자의 길을 걷기를 바라셨다. 아버지는 "게으른 사람은 절대 성공할 수 없다."라는 말씀을 자주 하셨는데 지금도 백종원이 사업에서 가장 강조하는 점은 '성실하게 관리하는 습관'이다. 이는 아버지의 영향이 크다고 할 수 있다. 아버지는 어떤 일을 시작하면 끝까지 책임져야 한다는 가르침을 주셨다. 이는 백종원이 수많은 브랜드를 내면서도 꾸준히 점검하고 관리하는 습관과 연결된다.

그의 어머니는 공부보다 요리에 더 관심이 많던 아들을 꾸짖기보다는, 좋아하는 것을 살려보라는 태도를 보이셨다. 부모님이 크게 간섭하지 않으셨지만, 대신 자식이 무엇에 관심 있는지를 세심히 관찰하고, 필요한 경험은 직접 하게 하는 방식을 택하셨다고 한다. 그는 부모님에 관해 "공부 못한다고 뭐라고 하지 않으셨어요. 항상 '넌 어떻게 생각하니?'라고 물었고, 내가 뭘 좋아하는지 진짜로 궁금해하는 부모였죠."라고 말한다.

◇ 그의 다양한 경험을 해보는 습관은 어떻게 형성되었을까?

백종원은 다양한 경험을 바탕으로 창업, 요리, 콘텐츠를 아우르는 실전형 멀티플레이어다. 그는 어릴 적부터 스스로 다양한 경험을 찾아 배우는 습관을 지녔는데, 이 습관이 지금의 '백종원 스타일'로 이어졌다. 해보지 않은 것에 대한 호기심이 많았던 그는 음식, 장사, 사람, 여행 등 다양한 영역을 탐색했다. '안 해보면 모른다'라는 철학으로 직접 부딪히며 실패를 두려워하지 않고 시도했고, 그 과정에서 배웠다. 책보다 몸으로, 강의보다 현장에서 배우는 '실천 파'다. 군대 조리병, 식당 사장, 운영자, 프랜차이즈 설계자, 콘텐츠 제작자 등 다양한 직업과 분야에서 경험을 쌓았다. 그는 단순히 경험만 쌓는 데 그치지 않고, 이를 체계화하여 '지식'과 '전략'으로 승화시키기도 했다.

백종원은 대학시절부터 학교 근처 분식집, 호프집 등에서 아르바이트하거나 관찰하며 장사와 조리에 관심을 보이기 시작했다. 군 복무 시절에는 요리하는 장교로 활동하며 대량 급식에 대한 감각과 경험을 쌓았고, "대량 조리는 과학이라는 것을 몸으로 배웠다."라고 말하기도 했다. 그는 국내 모든 지역 음식, 골목 상권 맛집, 해외 현지 시장까지 직접 찾아가 먹고 분석했다. 전국 식당 1,000곳 이상을 방문해 맛, 서비스, 동선 등을 메모하며 연구하기도 했다. 서비스가 맛보다 얼마나 중요한지 몸소 느끼기 위해 김치찌개 장사를 하면서 일부러 불친절하게 손님을 대하기도 했다.

그는 **몸으로 익힌 지식이 가장 강력하다는 철학을 가지고 있다.** "경험
은 최고의 스승이다."라고 말하며, 실패든 성공이든 직접 경험하고 그것
을 정리해 다음에 활용하는 사람이다.

이효리

가수, 방송인, 동물 보호 활동가

> "정답은 없어요. 해보고 느끼고, 생각이 바뀌면 또 바꾸면 되죠.
> 그냥 해보는 거예요. 그러다 보면 나한테 맞는 게 보일 거예요."

그녀는 가수이자 방송인으로, 1998년 핑클로 데뷔하여 많은 인기를 얻었다. 이후 2003년 솔로 앨범 〈10 Minutes〉로 큰 성공을 거두었으며, 〈U-GO-Girl〉, 〈Bad Girls〉 등 수많은 히트곡을 발표했다. 또한 예능 프로그램 '효리네 민박' 등을 통해 자연스럽고 친근한 매력을 대중에게 선보이며 많은 사랑을 받았다. 그녀는 반려견 '순심이'를 입양한 이후 유기 동물 보호 및 동물 복지 운동에 적극 참여하며, 자신의 경험을 담은 에세이 집필과 기부 활동도 꾸준히 이어가고 있다. 그녀는 음악, 예능, 사회 활동까지 폭넓게 활약하며 한국 대중문화에 큰 영향력을 미친 다재다능한 아티스트이자 사회적 아이콘이다.

◇ 그녀의 어린 시절은 어땠을까?

그녀는 1979년 충청북도 청주에서 1남 3녀 중 막내로 태어났다. 서울로 이사한 후, 아버지가 운영하던 이발소 단칸방에서 가족 6명이 함께 살았다. 아버지의 이발소 심부름과 어머니의 공장 생활을 가까이에서 지켜보며 풍족하지 않은 환경에서 자랐다. 좁은 공간에서 어려운 집안일과 손님 응대까지 도우며 그녀는 책임감을 배울 수 있었다. 그녀는 "가족이 살아남기 위해 함께해야 했다."라고 했는데, 실제 행동에서 나오는 배려와 협동심이 일찍 싹텄다고 회상한다.

그녀는 원래 수줍고 조용한 아이였지만 친구들과 가수들의 춤을 따라하면서 점차 무대에 대한 꿈을 키웠다. 혼자 춤추고 노래하며 자신만의 무대를 만들었고, 수줍음을 즐거운 경험으로 바꾸며 자연스럽게 가수의 꿈을 키워나갔다. 고등학교 때부터 아르바이트하며 돈을 벌었고, 대학도 스스로 등록금을 마련해 다니면서 돈의 가치, 노동의 땀, 자립심을 몸소 배울 수 있었다. 어릴 때부터 길고양이와 강아지 등 작은 동물들을 보면 마음이 아팠는데, 이러한 작은 생명과의 교감 경험이 그녀를 따뜻한 어른으로 성장하게 했다.

그녀의 아버지는 이발사로서 빈손으로 서울에 올라와 힘든 생활 속에서도 가족의 생계를 책임지셨다. 단칸방에서 이발소 일을 하며 4남매를 키웠고, 은퇴 후에도 지역 어르신들에게 봉사 이발하며 지역사회에 이바지하기도 했다. 그녀는 어린 시절 아버지가 엄격하셨고 때로는 체벌도 있었지만, 나중에 이를 '아버지의 책임감과 스트레스 때문'이라고 이해하게 되었다.

그녀의 어머니는 공장 일과 가사, 자녀 양육을 병행하며 가족을 묵묵히 지탱하는 역할을 했다. 2024년 방송에서는 서로 소원했던 두 모녀의 관계가 함께하는 여행을 통해 회복되는 모습이 감동적으로 그려지기도 했다. 힘든 환경 속에서도 가족을 위해 각자의 역할을 묵묵히 수행하신 부모님의 모습을 통해, 그녀는 책임감과 현실 감각을 배웠을 것으로 보인다.

◇　**그의 다양한 경험 습관은 어떻게 형성되었을까?**

이효리는 어릴 때부터 스스로 해보고 느끼며 자라는 아이였다. 새로운 경험을 두려워하기보다 즐기는 마음이 자연스럽게 자리 잡았고, 가수로 데뷔한 후에는 상황이 그녀를 더 단단하게 만들었다. 노래와 춤, 예능과 진행, 화보와 사회 활동까지 익숙하지 않은 새로운 경험을 하게 되었고, 그 과정에서 "못해도 괜찮다. 해보면 배운다."라는 자신만의 기준이 생겼을 것으로 보인다.

그녀는 항상 새로운 분야에 도전하는 용기를 지니고 있다. 그녀는 어느 날 모든 서울 생활을 접고 제주도로 이사했는데 자연 속에서 삶을 선택하며 '덜 가지는 삶', '느린 삶'을 경험할 수 있었다. 제주도에서의 새로운 삶을 시작한 그녀에게 왜 제주도로 갔는지 물었을 때, 그녀는 "조용히 살고 싶었다.", "나에게 정말 중요한 게 뭔지 알고 싶었다."라고 말했다. 그것은 화려함에서 벗어나 진짜 나만의 모습을 찾고 싶었다는 뜻일 것이다. 그리고 고요 속에서 나의 삶에 우선순위를 다시 정하고자 했을 것이다. 실제로 그녀는 제주도에서의 다양한 경험을 통해 자신만의 철학이 더욱 깊어졌고, 삶의 방향 또한 변화하는 것을 체험했다고 한다.

그녀는 채식과 요가 수련을 하며 스스로 요가 지도자 자격증까지 취득했고 "내 마음과 몸의 균형을 처음으로 느꼈다."라고 밝히기도 했다. 또 유기 동물 보호소 브이로그를 통해 일상을 공개하며 가공되지 않은 진찌 이효리의 모습을 보여주어 대중에게 새로움을 주기도 했다. 이효리는 '경험'을 즐기는 사람이다. **익숙함을 과감히 버리고 새로움에 자신을 던지는 태도로 그녀는 자신을 성장시켰다고 할 수 있다.**

　　　　　　　　　　　　　　　　　　　　2부 너는 어떤 아이일까?

안젤리나 졸리

> "우리가 상자 밖으로 나오지 않으면
>
> 세상이 얼마나 큰지,
>
> 그리고 우리가 얼마나 작은지 알 수 없다."

안젤리나 졸리는 할리우드에서 가장 인정받는 배우이자 감독이며 인도주의 활동가이다. 그녀는 배우로서 탄탄한 경력을 쌓은 뒤, 감독과 프로듀서로서의 역량도 인정받고 있다. 더불어 인도주의 활동가로 사는 삶까지 겸비하며, 능력과 인품을 모두 갖춘 인물로 평가받고 있다. 특히 최근 작품 〈Maria〉를 통해 내면의 고립과 고난을 섬세하게 연기하며 전 세계 관객의 감동을 이끌었고, 동시에 스타일 아이콘으로서의 이미지도 꾸준히 주목받고 있다.

◇ 그녀의 어린 시절은 어땠을까?

그녀는 1975년 미국 로스앤젤레스에서 배우 존 보이트와 여배우 마르셀린 베르트랑 사이에서 태어났다. 그러나 그녀가 태어난 다음 해인 1976

년, 부모님은 서로 헤어져 각자의 길을 걷기로 한다. 졸리와 졸리의 오빠 제임스는 이후 어머니와 함께 지냈다.

어린 시절 졸리의 일상은 화려한 스타의 삶과는 거리가 있었다. 어머니와 함께 연극과 영화를 접하며 조용히 예술의 세계를 경험하는 시간에 가까웠다. 그녀는 7세 때 아버지의 영화에 아역으로 출연했는데, 이것이 그녀의 첫 연기 경험이었다. 그녀는 비교저 이른 나이부터 연기에 관심을 보였고, 열한 살 무렵 리 스트라스버그 연기 학교에서 2년간 연기 훈련을 받으며 본격적인 연기자의 길을 준비했다. 이것은 어머니의 권유와 지지 속에서 이루어진 선택이었다.

비벌리힐스 고등학교(Beverly Hills High School) 재학 시절, 그녀는 부유한 학생들과의 문화적 차이로 인해 소외를 겪어야 했다. 학생들은 그녀의 스타일, 안경, 교정기 등을 문제 삼았다. 학교에서 잘 섞이지 못했고, 주로 혼자 지내는 편이었다고 직접 밝힌 바 있다. 이후 그녀는 청소년기에 정체성 혼란과 감정 조절의 어려움을 겪으며 반항적인 태도와 사해 행동까지 보이기도 했다. 이 시기에, 그녀는 전통적인 학교생활보다 자신의 진로에 더 집중하는 길을 택했고, 청소년기 후반 연기 공부를 위해 뉴욕으로 떠나게 된다.

◇ 그녀의 부모님은 그녀에게 어떤 영향을 미쳤을까?

그녀의 어머니는 일리노이주 시카고 출신으로, 프랑스계 캐나다인과 네덜란드·독일계 혈통을 지닌 다문화적 배경을 가지고 있다. 청소년기에 가족과 함께 캘리포니아로 이주하였고, 예술과 문학을 사랑하는 환경에서 자랐다. 그녀의 어머니는 젊은 시절 배우를 꿈꿨지만 결혼 후에는 연기 대신 책과 예술을 중시하며 자녀 교육에 집중했다. 졸리는 어린 시절 어머니 덕분에 자연스럽게 독서와 예술에 노출되었고, 이를 통해 예술적 감수성을 키울 수 있었다. 그녀가 남편과 이혼한 후에는 자녀를 혼자 키우면서 헌신적이고 가치 중심의 교육 방식을 선택했는데, 졸리는 어머니가 보여준 헌신과 책임감을 자신의 삶과 교육 철학의 원형으로 삼았다.

그녀의 아버지는 중학교 시절부터 연기에 관심을 가지고 뉴욕에서 연기 수업을 받았고, 아카데미 남우주연상 수상 등 다수의 수상 경력이 있는 명배우로 알려져 있다. 그러나 졸리가 어린 시절, 불화로 인해 두 부부가 이혼하였고, 아버지는 자녀들과의 교류를 거의 하지 않은 것으로 알려져 있다. 졸리는 아버지의 부재로 '정서적으로 의존하지 않는 삶'을 배웠으며, 어른이 되어 자녀에게 주고 싶은 정서적 안정과 책임감을 더욱 중요하게 여기게 되었다.

안젤리나 졸리는 새로운 경험을 통해 성장하고 배우는 습관을 꾸준히 실천해 왔다.

그녀는 한 살 때 부모가 이혼한 이후 어머니 손에 자랐다. 어머니는 자녀 양육을 위해 자신의 연기 경력을 중단했고, 아이들에게 무엇을 해야 한다고 정해주기보다 무엇을 해보고 싶은지를 묻고 허용하는 태도를 보였다. 졸리는 여러 인터뷰에서 "어머니는 나의 선택을 존중했다."라고 거듭 말한다. 이 경험은 그녀가 새로운 시도를 두려워하지 않는 심리적 토대가 되었을 것이다.

어린 시절부터 졸리는 연극과 영화 현장을 자연스럽게 접했고, 열한 살 무렵에는 연기 학교에서 수업을 받았다. 이 과정에서 그녀는 하나의 정답이나 1가지 역할에 머무르기보다 다른 삶을 연기하며 바라보는 훈련을 일찍부터 시작할 수 있었다. 이는 훗날 배우라는 직업을 넘어, 그녀가 타인의 삶에 관심을 갖는 태도로 확장되었을 가능성이 높다.

또 하나의 중요한 배경은 환경의 변화다. 부모의 이혼 이후 졸리는 거주지를 이동하고 학교 적응의 어려움을 겪으며, 낯선 환경을 피하기보다 받아들이는 법을 배웠다고 밝혔다. 이 경험은 안정된 선택보다 직접 부딪혀 보는 선택을 하게 만드는 기반이 되었다.

성인이 된 후에도 이 습관은 이어진다. 졸리는 상업 영화의 성공 이후에도 안전한 길에 머물지 않았다. 독립영화, 연출, 전쟁과 인권을 다룬 작품으로 영역을 넓혔고, 2001년부터는 유엔난민기구 활동을 시작해 분쟁 지역을 직접 방문하며 인도주의자의 삶을 실천하고 있다.

그녀는 현재 슬하에 6명의 자녀를 두고 있는데, 이들 자녀는 다양한 국가에서 입양되었거나 출생하였다. 그녀는 자녀들이 각각 다른 문화적 배경을 이해할 수 있도록 입양 국가(캄보디아, 에티오피아, 베트남 등)를 포함한 **여러 나라를 직접 방문한다. 거기서 자녀들이 현지 문화를 경험하고 각자의 문화와 언어를 배우며 성장하도록 돕는다. 그녀는 이를 통해 자녀 간에 존중과 이해가 더 깊어졌다고 말한다.**

너를 이해하는 아이 성향 기록장

아이의 마음은 매일 조금씩 모양을 바꾸며 자라고 있습니다. 그 때문에 가까이 있어도 알아차리기 어려울 때가 많습니다. 아이가 요즘 좋아하는 사람, 인상 깊은 행동, 자주 웃는 순간, 요즘 빠져 있는 관심을 기록해 보세요.

마음의 여유를 가지고 천천히 적어주시는 것이 좋습니다. 오늘 남기는 한 줄 한 줄이 내 아이를 바라보는 눈을 조금 더 선명하게 만들어 줄 것입니다.

1. 아이가 좋아하는 인물(롤 모델)은 누구인가요?

- 요즘 자주 언급하거나 좋아하는 인물

- 그 인물에게 끌리는 이유

- 그 안에서 발견한 아이의 성향

---

2. 관찰을 통해 읽은 아이의 마음

· 최근 가장 인상 깊은 아이의 행동

____

· 그 행동에 담긴 마음은?

____

· 다른 해석이 있다면?

____

3. 아이의 웃음이 말해주는 기쁨의 순간

· 요즘 가장 많이 웃는 순간

____

· 한 줄로 정리한 '아이의 기쁨 포인트'

____

· 확실히 아이를 웃게 만드는 상황 1가지

____

4. 다양한 경험이 여는 새로운 성장

- 최근 가장 오래 머문 관심사

____

- 그 관심이 확장될 수 있는 방향

____

- 부담 없이 시도할 새로운 경험

____

5. 이 질문들을 통해 돌아본 우리 아이는 어떤 아이인가요?

____

6. 오늘 아이에게 해주고 싶은 작은 지지는 무엇인가요?

____

WHEN PARENTS ACT, CHILDREN GROW

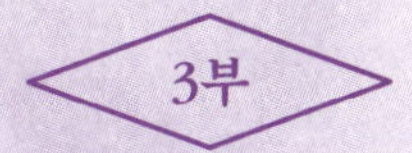

함께 성장하는 삶을 말하다

함께 행동할 때 성장의 길이 열린다

"감사로 마음을 열고, 몰입으로 가능성을 키우며,
기록으로 길을 찾고, 실천으로 변화를 만들어낸다.
부모가 먼저 움직일 때 아이의 미래도 달라진다."

9. 감사	감사를 선택하는 순간 관계가 다시 열린다 오프라 윈프리, 리처드 브랜슨, 에크하르트 톨에
10. 몰입	미래의 짐을 바꾸는 '집중력'의 힘 미하이 칙센트미하이, 김연아, 엘리너 루스벨트
11. 기록	남겨둔 흔적이 아이와 부모의 성장을 이끈다 레오나르도 다빈치, 조앤 롤링, 마리 퀴리
12. 실천	생각을 움직임으로 바꿀 때 변화는 시작된다 김슬아, 그레타 툰베리, 헬렌 켈러

9

감사

감사를 선택하는 순간 관계가 다시 열린다

우리는 종종 일상에서 당연하게 여기는 것들 때문에 진정한 행복을 놓치곤 한다. 매일 먹는 밥, 건강하게 걸을 수 있는 몸, 그리고 곁에 있는 가족과 친구들.

하지만, 이 모든 것은 결코 당연한 일이 아니다. 누군가에게는 간절히 바라는 일이 될 수 있다. 감사는 상황이 완벽할 때만 가능한 것이 아니다. 힘든 현실 속에서도 작은 기쁨 하나를 바라보며 "그래도 감사하다."라고 말할 수 있을 때, 우리의 마음은 조금씩 변한다. 불평 대신 감사를 선택하는 순간, 같은 하루도 전혀 다른 모습으로 다가온다. 결국 감사란 외부 환경을 바꾸는 것이 아니라, 내 마음의 시선을 바꾸는 힘이다. 왜 우리는 감사하는 마음을 훈련해야 할까? 감사는 마음을 단단하게 만들어 주기 때문이다. 감사하는 습관이 있는 사람은 어려움 속에서도 긍정적인 면을 발견한다. "이 상황 덕분에 배운 점이 있네."라고 생각하면, 시련도 성장의 발판이 된다.

3부 함께 성장하는 삶을 말하다

감사는 관계를 따뜻하게 만든다. "고마워."라는 한마디는 큰 선물이 된다. 가족, 친구, 동료와의 관계가 더욱 돈독해지고, 나 또한 더 많은 사랑을 받게 된다. 감사는 삶을 풍요롭게 한다. 감사하는 사람은 작은 것 하나하나를 소중히 여기기 때문에 늘 만족과 행복을 더 많이 느낀다. 더 많은 것을 가져야만 행복한 것이 아니라, 이미 가진 그것에 감사할 때 행복이 자라난다.

이 습관을 꾸준히 지켜낸 사람들이 있다. 가난과 아픔, 차별을 딛고 세계적인 영향력을 지닌 방송인으로 성장한 **오프라 윈프리.**

모험과 도전을 이어가면서도 늘 감사와 즐거움을 잃지 않는 기업가, **리처드 브랜슨.**

지금, 이 순간에 감사하는 법을 전한 **에크하르트 톨에.**

이제 우리는 이 세 사람이 보여준 이야기를 통해, 감사를 선택하는 순간 삶이 어떻게 달라지는지 함께 살펴보자.

오프라 윈프리

> "내 인생에서 가장 위대한 변화는
> 감사를 실천하기 시작한 그날부터 일어났습니다."

오프라 윈프리는 미국의 방송인, 배우, 작가, 기업가로서 세계에서 가장 영향력 있는 여성 중 1명이다. 또 세계에서 부유한 여성 중 1명으로, 자산의 상당 부분을 기부와 교육, 여성 인권 활동에 사용하고 있다. 불우한 어린 시절을 극복한 그녀는 방송계의 여왕이자 자수성가의 상징, 마음 성장과 치유의 아이콘으로 불린다.

감사 일기의 대명사로 불리기도 하는 오프라는 매일 밤 '감사 일기'에 그날 감사했던 일 5가지를 적었다. 오프라는 감사하는 습관이 삶의 태도, 인간관계, 비즈니스 결정까지 긍정적으로 변화시켰다고 강조한다. 그녀는 "감사를 느낄수록 삶은 더 많은 이유를 제공한다."라고 말하기도 했다.

◇ 그녀의 어린 시절은 어땠을까?

오프라는 1954년 미시시피주에서 미혼모 어머니와 군인이었던 아버지 사이에서 태어났다. 그녀의 어머니는 가정부로 일했지만, 오프라를 키울 형편이 되지 않아 어린 시절 그녀는 외할머니와 함께 살았다. 할머니와 살던 시절에 그녀는 경제적으로 매우 어려워 기본적인 옷과 음식도 넉넉하지 않았다. 어린 나이 때부터 오프라는 물을 길어 오고, 빨래하며 돼지에게 먹이를 주는 등 매우 힘든 육체노동을 했다. 할머니는 오프라를 엄격하게 가르치셨고, 말썽을 부리면 심하게 체벌하기도 했다. 이후 할머니의 건강이 악화하자, 오프라는 할머니 곁을 떠나 다시 어머니와 함께 밀워키의 빈곤한 지역으로 오게 되었다. 그리고 거기서 그녀는 어머니와 함께 지냈다.

하지만 어머니는 오랜 시간 일을 해야 했기 때문에 오프라를 돌볼 시간이 거의 없었다. 어머니와 함께 살면서 오프라는 정서적으로 안정되지 못한 환경을 경험했고, 이 시기에 성적 학대도 겪으며 큰 트라우마를 안게 되었다. 결국 어머니는 오프라를 아버지에게 보냈고, 이후 어머니와 헤어져 아버지와 살게 되면서 그녀의 삶은 변화하기 시작했다. 그녀는 삶을 통제할 수 없는 순간이 많았기 때문에 감정을 조절하는 방법으로 '감사'를 선택했다고 회상한다. 힘든 상황에서 "내가 지금 당장 감사할 수 있는 것을 찾지 않으면, 절망에 빠질 수밖에 없다."라는 마음으로 그녀는 감사하기 시작했다.

◇ 그녀의 부모님은 그녀에게 어떤 영향을 미쳤을까?

오프라의 어머니는 당시 18세의 젊은 나이에 미국 미시시피주 코지어스코라는 작은 마을에서 미혼모의 몸으로 오프라를 출산했다. 그녀의 부모는 짧은 만남 후 헤어졌으며, 결혼하지 않았기 때문에 출산 이후 함께 양육할 여건이 갖춰져 있지 않았다. 아버지 없이 홀로 오프라를 키웠던 어머니는 어린 오프라를 할머니에게 맡기고 돈을 벌기 위해 도시로 떠났다. 이후 6세 이전의 유년 시절은 거의 할머니 손에서 자랐다. 그녀의 외할머니는 매우 가난한 시골 마을에서 흑인 여성으로서 차별과 빈곤 속에서도 꿋꿋이 신앙과 노동으로 삶을 이어갔다.

할머니는 많이 배우지 못했지만, 교육을 매우 중요하게 여겼다. 그녀는 오프라에게 매일 성경을 읽게 하고, 마을 교회에서 성경을 낭독하게 했으며, 예의와 절제, 근면함을 강조했다. 오프라는 세 살 때부터 읽기와 말하기에 뛰어난 재능을 보였다. 할머니의 건강이 악화하여 더 이상 오프라를 돌볼 수 없게 되자, 오프라는 여섯 살 때 어머니와 함께 밀워키로 이사했다. 그러나 집인 형편이 어려웠고, 바쁜 생할로 인해 어머니는 그녀를 충분히 돌보지 못했다.

그녀의 아버지 버는 윈프리는 미 육군 복무 후 석탄 광부로 일했으며, 이후 테네시 내슈빌에서 이발소를 운영했다. 그녀의 아버지는 군 복무 중 아버지가 되었다는 사실을 듣고 그녀의 존재를 인정하기 어려워했다. 오프라가 이머니와 함께 살던 시절, 성적 학대와 방임을 겪으며 삶을 통제하기 힘들어지자, 어머니는 결국 오프라를 더 이상 키우기 어렵다고 판단하여 아버지와 새어머니 곁으로 보냈다. 아버지와 함께 살게 되면서 그녀는 인생에 결정적인 전환점을 맞이한다. 그녀는 아버지와 함께 지내며 정서적 안정감과 교육적 돌봄을 받을 수 있었다.

그녀의 아버지는 매우 엄격했지만, 딸의 잠재력을 알아보고 정해진 독서 시간, 숙제 시간, 봉사활동 시간을 엄격히 관리했다. 오프라에게 매주 책을 읽게 하고, 독후감을 반드시 쓰도록 했다. 숙제를 빠뜨리면 외출도 금지되었고, 공부와 토론을 생활의 중심에 두었다.

그는 "적당한 것으로는 만족하지 마라."라고 말하며 오프라의 사고방식에 결정적인 영향을 주었다. 아버지는 단지 공부만을 강조한 것이 아니라, 정직함, 책임감, 인내, 자기 존중감을 매일 강조했다. 오프라는 아버지와 함께한 시간 덕분에 독서 습관이 확실히 자리 잡았고, 말하기 능력과 사고력이 크게 성장했다. 학교 성적도 향상되었으며, 지역 라디오 방송 대회에서 우승해 방송계로 진출할 기회를 잡았다. 아버지의 꾸준한 훈육은 자신을 믿고 자존감을 회복하는 데 큰 도움이 되었다. 후에 오프라는 "아버지가 아니었더라면, 나는 지금쯤 길거리에 나앉아 있었을 것이다."라고 고백하기도 했다.

◇ 그녀는 어떻게 감사하는 습관은 갖게 되었을까?

오프라는 가난하고 불안정한 어린 시절을 보내며 극심한 빈곤과 학대를 겪었다. 밀워키 빈민가에서 어머니와 함께 살면서 방임과 정서적 학대를 경험했고, 9세 때부터 성적 학대를 당했고, 14세에는 임신과 유산을 겪어야 했다. 이러한 상처 속에서도 오프라는 감사할 만한 '작은 것들'을 붙잡는 힘을 키웠다. 그녀는 "내가 가진 것이 아무것도 없을 때도, 나는 항상 감사할 무언가를 찾았어요. 그것이 나를 살게 했어요."라고 말했다.

그녀의 외할머니는 어린 시절 함께 시간을 보내는 동안 오프라에게 "항상 감사하라."는 가르침을 심어주셨다. 오프라는 1990년대부터 매일 밤 자기 전에 5가지 감사한 일을 적는 '감사 일기'를 쓰기 시작했는데, 이 습관은 그녀의 감정 조절 능력, 자존감, 그리고 삶의 만족도를 높이는 강력한 도구가 되었다. 처음에는 '그날 맛있게 먹은 점심', '좋은 날씨', '친절한 말 한마디'처럼 사소한 것들부터 감사하기 시작했다. 세계적인 부와 명예를 얻은 이후에도 오프라는 **"감사는 내가 중심을 잃지 않게 해주는 닻이다."**라고 표현했다. 많은 유명인이 성공과 함께 교만해지기 쉽지만, 오프라는 하루 5가지 감사 기록을 수십 년간 꾸준히 이어가며 자신을 단련했고, 성공 후에도 겸손을 지키는 법을 배웠다.

리처드 브랜슨

Richard Branson

> "완벽할 필요는 없다.
> 시작하고 도전하며 배우고
> 감사하면서 나아가라."

리처드 브랜슨은 영국 출신의 기업가로, 버진 그룹의 창립자이자 회장이다. 그는 버진 그룹을 통해 음악, 항공, 우주 개발 등 한때 400여 개의 계열사를 둔 도전의 아이콘이다. 또한, 모험가이자 자선사업가로서 전 세계적인 명성을 얻은 인물이다.

그는 난독증과 학업 실패를 극복하고, "망설이지 말고 그냥 해보자."라는 정신으로 새로운 산업에 뛰어들어 세상을 바꿔왔다. 그는 단순한 기업가가 아니라, 실패를 두려워하지 않는 행동력과 혁신의 상징으로서 전 세계 젊은 세대에게 끝없는 영감을 주고 있다.

그는 1950년 영국 런던에서 태어났다. 어린 시절 심한 난독증으로 인해 읽고 쓰는 데 큰 어려움을 겪어 독서는 거의 하지 못했다. 대신 사람들과의 대화와 관찰을 통해 배우며, 실행을 통해 경험을 쌓았다. 그는 자신을 '문자보다 아이디어에 끌리는 아이'로 기억한다. 전통적인 교육 방식과는 맞지 않는 아이였으며, 학교 성적은 항상 낮았다. 교사들조차 그가 절대 성공하지 못할 것이라고 평가했다. 하지만 문제 해결력과 창의성은 뛰어났다. 어린 시절에도 앵무새 번식 사업, 크리스마스트리 판매, 어른들 몰래 반에서 신문을 돌리는 등 작지만 수많은 사업 아이디어를 실행했다. 실패하더라도 낙담하지 않고 다음 도전을 시작하는 실행 습관이 어릴 때부터 있었으며, 시작해 보지 않고는 절대 알 수 없다고 믿었다.

학교생활에는 집중하지 못했지만, 자신이 하고 싶은 일에는 몰입했다. 잡지 〈STUDENT〉를 만들 때는 청소년의 목소리를 세상에 내겠다는 목표에 집착하며, 광고를 띠내기 위해 수십 곳에 편지아 전하를 직접 하기도 했다. 그는 읽고 쓰기는 힘들었지만, 말하기, 질문하기, 설득하기에는 타고난 재능이 있었다. 어린 시절부터 어른들과 대화하는 것을 두려워하지 않고 직접 아이디어를 설명하며 투자나 도움을 요청했다. 또한 그는 어릴 때부터 돈을 벌 수 있는 구조에 관심이 많았다. 무엇을 어떻게 팔면 잘 팔릴지, 왜 사람들이 사는지를 관찰하는 아이였다.

◇ 그의 부모님은 그에게 어떤 영향을 미쳤을까?

그의 아버지 에드워드 제임스 브랜슨은 영국 출신 변호사로, 논리와 정의를 중시했다. 조용하고 차분했고, 자녀의 의견을 존중했으며, 이성적인 대화와 설득을 중요하게 여겼다. 그는 리처드를 법정에 데려가 현실 세계를 경험하게 하고, 자신의 주장을 조리 있게 표현하는 법을 익히도록 도왔다. 항상 "네가 무엇을 하든 정직하게 말하고 책임을 져라."라고 가르쳤다.

그의 어머니 이브 브랜슨은 영국 출신으로, 전직 발레리나, 공군 군무원, 배우, 그리고 수공예 사업가였다. 그녀는 대담하고 창의적이며 모험적인 성격으로 자녀에게 도전을 권장했다. 그녀는 힘들다고 투덜대면 "그럴 시간에 해결책을 생각해."라고 말하며 '불평하지 말고 감사하라'고 강조했다. 또한 일상에서 감사 인사와 예절 훈련을 중시했고, 도전과 실패 속에서도 배운 점에 집중할 수 있도록 했다. 그녀는 리처드가 다섯 살 때 길 찾는 법을 배우게 하려고, 수 킬로미터 떨어진 곳에 그를 내려놓고 집에 혼자 돌아오게 했다. 그는 무서웠고 울면서 결국 집에 도착했다. 어린 리처드에게 그날은 평생 잊지 못할 훈련으로 기억되었고, 그 순간 스스로 해낼 수 있다는 강한 자신감을 얻었다고 말했다.

리처드 브랜슨의 성공 뒤에는 위험을 감수하면서도 아들의 가능성을 믿고 세상으로 내보낸 부모가 있었다. 그들은 아들을 지켜 주기보다 세상 속으로 던져 넣어 스스로 깨닫게 했다.

◇ 그는 어떻게 감사하는 습관은 갖게 되었을까?

그는 "감사하지 않으면 절대 행복하거나 성공할 수 없다."라고 말한다. 그는 일기 쓰기와 명상을 통해 감사를 실천하는 습관을 지니고 있다. 매일 아침 일찍 일어나 하루를 시작하며, 그날 감사할 일들을 적는다. 이러한 감사의 태도는 그가 긍정적인 에너지로 하루를 시작하고, 도전적인 상황에서도 낙관적인 시각을 유지하는 데 도움을 준다.

브랜슨은 감사하는 습관이 삶의 질을 높이고 스트레스를 줄이며 인간관계를 강화한다고 믿는다. 그는 감사가 뇌의 긍정적인 사고 회로를 활성화하여 더 나은 결정을 내리고 창의력을 높이는 데 기여 한다고 강조한다. 브랜슨의 부모님은 전통적인 교육 방식보다는 생활 속 경험을 중시하는 교육 철학을 가지고 있었는데, 그의 감사 습관과 다른 중요한 습관들은 모두 어린 시절의 경험과 부모의 영향이 크다. 그리고 스스로 쌓은 삶의 태도에서 비롯되었다. 어머니는 그에게 항상 "고마우면 말로 표현해라."라고 가르쳐 주셨고, 이는 단순한 예의가 아니라 삶을 긍정적으로 바라보는 태도로서의 감사였다. 식사 후, 도움을 받았을 때, 실패했을 때조차 감사하라고 가르쳤다.

　　　　　　　　3부 함께 성장하는 삶을 말하다

그 가르침 덕분에 그는 수많은 실패를 경험했지만, 그때마다 그 속에서 배운 점을 감사의 언어로 정리했다. 실패를 탓하거나 후회하는 대신, "나를 배우게 해준 이 실패에 감사한다."라는 마음가짐을 유지했다. 또 그는 "실패가 없었다면 지금의 나는 없다. 실패는 내 최고의 선생님이었고, 그 점에 감사한다."라고 말하기도 했다. 그는 자신의 부와 자유를 당연하게 여기지 않고, 항상 자신이 누리는 삶에 감사함을 글과 인터뷰에서 자주 표현한다. 특히 자선 활동을 하며 "나는 이 삶을 나누라고 받은 것으로 생각한다."라고 밝히기도 했다.

에크하르트 톨에

Eckhart Tolle

> "감사함은 있는 그대로를 인정하는 마음이다.
> 그것은 비교나 생각으로 만들어지는 것이 아니며,
> 손재 그 자체를 존중하는 태도이다."

그는 현대 영적 사상가 중 가장 영향력 있는 인물 중 1명이다. 오프라 윈프리, 짐 캐리, 엘렌 드제너러스 등 많은 유명 인사들이 그의 책을 인생의 책으로 꼽는다. 그는 전 세계 수많은 사람들에게 명상, 마음 챙김, 내면의 평화에 대한 깊은 통찰을 제공한다. 그의 대표 저서 『지금 이 순간을 살아라(The Power of Now)』는 전 세계에서 800만 부 이상 판매되었으며, 그는 삶과 칠힉에서 감시히는 습관이 매우 중요한 요소라고 말한다. 그는 감사가 단순한 예의가 아니라 '지금 이 순간'을 완전히 받아들이는 의식의 표현이라고 강조한다. 일반적인 '고마움'이라기보다 '깨어 있는 삶'의 핵심 습관으로서의 감사를 중시한다.

◇ 그의 어린 시절은 어땠을까?

그는 1948년 독일에서 태어났으며, 캐나다 시민권자이다. 어린 시절, 제2차 세계대전 직후 폐허와 상처가 가득한 독일에서 성장했다. 전쟁의 여파와 가정불화 속에서 외롭게 자랐으며, 내면의 불안과 우울감으로 고통받았다. 어릴 때부터 "삶이란 무엇인가?", "왜 우리는 고통받는가?"와 같은 질문을 던지며 삶의 의미에 대해 깊이 고민했다.

청년 시절에는 영국으로 이주하여 런던 대학교에서 문학과 철학을 공부했고, 케임브리지에서 연구조교로 활동하기도 했다. 그는 말수가 적었으며 혼자 있는 시간을 매우 소중히 여겼다. 친구보다는 책을 가까이했으며, 철학, 문학, 영성에 깊은 관심을 가졌다. 특히 쇼펜하우어, 니체, 크리슈나무르티 등의 저서에서 큰 위안을 얻었다. 오랜 시간 쌓인 우울과 무기력은 청년기까지 이어졌고, 29세에는 거의 자살 직전의 상태에 이르렀다. 29세 무렵, 극심한 우울증과 자살 충동을 겪던 어느 날 밤, 그는 '의식의 전환(에고의 해체)'이라는 내면의 급격한 변화를 체험했다. 그 순간 이후로 그는 마음의 소음이 사라지고 완전한 평온한 상태를 경험했다고 밝혔다.

◇ 그의 부모님은 그에게 어떤 영향을 미쳤을까?

그의 부모님에 대한 공식적인 정보는 매우 제한적이며, 자신의 가족사에 대해 저서나 강연에서도 의도적으로 많이 언급하지 않는 편이다. 그러나 그의 어린 시절 배경과 부모님에 관한 일부 단서는 인터뷰와 저서에서 간접적으로 엿볼 수 있다. 그는 어린 시절 독일에서 주로 아버지와 함께 생활했으며, 12세 무렵 어머니를 따라 스페인으로 이주했다. 한 인터뷰에서 그는 "나는 어린 시절에 감정적 유대 없이 자랐다. 부모는 나를 돌보았지만, 진짜 나를 돌본 사람은 아무도 없었다."라고 말했다.

그는 어린 시절 동안 '사랑받지 못한 느낌'을 강하게 안고 있었다. 어머니에 대해서는 "어머니는 지적인 분이었지만, 그녀 역시 자신의 내면 고통에 갇혀 있었다."라고 말했다. 이러한 경험들이 그가 깨어 있는 의식, 고통의 관찰, 에고의 해체라는 사상에 도달하게 만든 배경이라고 볼 수 있다.

◇ 그는 어떻게 감사하는 습관을 갖게 되었을까?

그는 고통에서 도망치기보다 그 감정을 끝까지 지켜보는 습관을 들였다. '나는 왜 이렇게 외로울까?'라는 질문을 수없이 되뇌며 자신을 관찰자의 시점에서 바라보기 시작했다. 그는 "그 고통은 나를 집어삼킬 듯했시만, 어느 순간 나는 그 고통을 '바라보는 나'가 되었다."라고 말했다. 또한 그는 "고통은 피할 대상이 아니라, 그 안으로 완전히 들어가야만 끝나는 '문'이라고 생각했다. 고통을 있는 그대로 '관찰'할 수 있을 때, 그 고통은 더 이상 나를 지배하지 못한다."라고 말했다. 그리고 감사에 대해 그는 우리가 현재에 완전히 집중하면 마음의 잡음이 줄어들고 고요함이 찾아오며, 그 고요함 속에서 자연스럽게 감사의 감정이 피어난다고 했다. 그래서

        3부 함께 성장하는 삶을 말하다

톨에는 감사를 억지로 느끼려 하지 말고, 먼저 "지금 여기에 머물라."라고 말한다. 그는 감사는 '지금 이 순간을 받아들이는 태도'라고도 말했다.

감사는 특정한 이유(성공, 선물, 호의)가 있을 때만 생기는 감정이 아니라, '지금 이대로 충분하다'라는 내면의 선택이라고 이야기한다. 그는 감사가 불평, 비교, 결핍을 이기는 힘이 된다고도 했다. 부정적인 상황에서도 감사가 가능할까? 톨에는 무언가 부정적인 일이 일어나더라도, 그것이 '지금 이 순간의 현실이다'는 것을 있는 그대로 인정하는 수용이 먼저라고 강조했다. 그 후 삶이 전하는 내면의 평화와 존재에 눈길을 돌릴 때, 감사는 외부 상황이 아닌 내면의 상태에서 자연스럽게 피어난다고 말이다.

10

몰입

미래의 질을 바꾸는 '집중력'의 힘

부모라면 이런 순간이 낯설지 않을 것이다. 아이에게 "집중 좀 해!"라고 말하면서, 정작 우리는 아이 옆에 있지만, 생각은 늘 다른 곳에 머물러 있지는 않은지.

아이의 집중력 부족을 걱정하지만, 정작 "내가 진심으로 몰두했던 순간이 언제였나?"라고 묻는다면 선뜻 대답하기 어렵다. 바쁘게 살고는 있지만, 마음은 늘 여기저기 분산된 경우가 많기 때문이다.

몰입이란 '자신이 하는 일에 완전히 빠져 시간 감각을 잊고 깊이 몰두하는 상태'를 의미한다. 단순한 집중을 넘어선다. 시간이 흐르는 것도 모른 채 온전히 하나에 빠져드는 상태로, 그 순간만큼은 피로조차 잊고 오히려 더 큰 에너지가 솟아나는 경험이다. 몰입은 성과를 높이는 기술일 뿐만 아니라, 삶을 더욱 깊이 있게 살아가게 하는 힘이기도 하다.

아이에게도 몰입의 경험은 매우 중요하다. 짧은 순간이라도 몰입을 경험한 아이는 '내가 좋아하는 것, 잘할 수 있는 것'을 스스로 발견하게 된다. 이는 자신감으로 이어지고, 다시 도전할 수 있는 용기를 키워준다. 결국 몰입하는 시간은 재능이 꽃피울 수 있는 시간과 같다.

"언제 끝나?"는 아이의 집중을 끊는 가장 빠른 방법이다. 반대로 "끝까지 해볼래?"는 아이에게 포기하지 않는 힘을 남긴다.

몰입의 가치를 일찍이 밝혀낸 심리학자 **미하이 칙센트미하이**는 몰입을 연구하며 "행복은 몰입의 순간에서 비롯된다."라고 말했다.

빙판 위에서 수천 번의 반복 훈련을 거치며 몰입한 끝에 세계적인 피겨 스케이터로 성장한 **김연아** 선수는, 꾸준한 집중이 결국 우리를 가장 단단한 자리로 이끌어 준다는 사실을 보여준다.

자신을 넘어 타인을 돕고 사회를 위해 헌신하며 삶에 몰입했던 **엘리너 루즈 벨트**의 이야기는 두려움을 넘어서는 용기가 결국 우리를 더 넓은 세계로 이끌 수 있음을 일깨워준다.

이제 우리는 이 세 사람의 삶을 통해 몰입하는 시간이 어떻게 재능을 키우고 인생을 빛나게 하는지 그들의 삶 속으로 한 걸음 더 들어가 보자.

미하이 칙센트미하이

Mihaly Csikszentmihalyi

> "정말 즐거운 순간은 평범한 휴식이 아니라,
> 스스로에게 도전하고 전력을 다해 임할 때 찾아온다."

미하이 칙센트미하이는 헝가리 출신의 심리학자로, '몰입(Flow) 이론'의 창시자이다. 그는 "사람이 가장 행복하고 창조적인 순간은 어떤 상태일까?"라는 질문에 답을 찾고자 평생 연구했으며, '몰입' 개념을 세상에 널리 알린 심리학자이다. 그는 심리학, 교육, 예술, 비즈니스 등 여러 분야에 지대한 영향을 끼쳤고, 이는 심리학뿐만 아니라 긍정심리학 발전의 초석이 되었다.

◇ 그의 어린 시절은 어땠을까?

그는 1934년 헝가리 부다페스트에서 태어났다. 부유하고 교양 있는 외교관 가정에서 자랐다. 아버지는 이탈리아 주재 헝가리 외교관이었으며, 가족은 로마에서 생활했다. 어릴 때부터 다국적 문화에 노출되었고, 이탈리아어, 헝가리어, 영어 등이 사용되는 환경에서 자랐다. 1940년대 초반 제2차 세계대전이 발발하면서 가족은 큰 어려움을 겪었는데, 형이 전쟁 중에 사망한 것이다. 그 사건은 어린 미하이에게 삶과 죽음, 그리고 존재의 의미에 대한 깊은 질문을 남겼다. 그는 당시를 회상하며 이렇게 말했다. "전쟁은 내 인생을 완전히 바꾸어 놓았다. 어른들이 믿었던 가치들이 무너졌고, 나는 무의미한 세상에서 의미를 찾고 싶었다."

10대 시절, 그는 제네바에서 칼 융의 강연을 우연히 듣고 큰 충격을 받았다. 그는 "처음으로 인간의 내면세계가 과학의 탐구 대상이 될 수 있다는 것을 알게 되었다. 융의 강연은 내가 처음으로 '심리학자'가 되고 싶다고 느낀 순간이었다."라고 회상했다. 당시 헝가리와 유럽에서는 심리학이 학문으로 체계화되지 않은 상태였기에, 그는 '삶의 의미', '의식의 상태', '행복이란 무엇인가'와 같은 질문들을 스스로 탐구하며 성장했다. 1956년 헝가리 혁명 이후 미국으로 이주하여 미네소타에서 학업을 이어가며 심리학 연구를 시작했다. 그는 가난하고 언어에 익숙하지 않은 이방인의 삶 속에서도 오직 한 가지에 몰입했는데, 그것은 "인간이 어떻게 최적의 경험을 하는가?"였다.

그의 아버지 알프레드는 헝가리 외교관으로, 전쟁 후 이탈리아 주재 대사를 역임했다. 1949년 공산 정권이 출범한 후 헝가리 정부에 협력하지 않겠다며 사직하였고, 단호한 윤리의식으로 가족과 삶을 지켜냈다. 이후 가족이 시민권을 박탈당하자, 로마에서 식당을 운영하며 자립했는데, 미하이는 학업 대신 가족 생계를 위해 일을 하며 책임감을 배우게 되었다.

어머니는 자상하셨지만, 자녀 양육 경험이 적어 주된 양육은 독일인 보모들이 맡았다. 그로 인해 그는 자율적으로 상상력을 확장하고 독서에 몰두하는 시간을 많이 가질 수 있었다. 보모들이 자주 교체되었는데, 오히려 반복된 불안정한 환경이 그가 내면에 의지할 상호작용을 줄어들게 했고, 상상의 세계에 몰입하게 만들었다. 아버지의 원칙적인 윤리 감각과 가족을 위한 희생은 '자신이 원하는 삶에 책임지고 행동해야 한다'라는 태도를 내재화하는 데 이바지했다. 학교보다 현실적인 삶의 경험에 목말라하던 그는 14세 이후 학업을 중단하고 호텔, 통신사, 식당 등 다양한 분야에서 일하며 자립을 경험했다. 이러한 경험은 스스로 자신의 인생을 책임지는 성향으로 살도록 그를 이끌었다.

칙센트미하이는 몰입 상태를 '자발적으로 어려운 과제를 수행하려는 노력 중에 경험하는 최고의 순간'이라고 정의한다. 이는 단순한 일이 아니라 도전과 능력의 균형을 이루어야 가능한 상태이다. 그는 강연에서 몰입을 '자신을 잊고 시간마저 사라지는 상태'라고 설명하며, 이것이 지속 가능한 행복의 비결이라고 말한다.

그가 제안하는 몰입 실천 루틴의 첫 번째는 명확한 목표 설정이다. 그는 현재 무엇을 하려는지, 그리고 중간에 어떤 결과를 얻을 것인지 분명히 해야 한다고 말한다. 둘째, 자기 행동이 어떤 결과를 초래하는지 즉시 알 수 있어야 몰입이 지속된다고 말한다. 즉, 즉각적인 피드백이 필요하다는 뜻이다. 셋째, 도전 과제가 너무 쉽거나 너무 어려우면 몰입이 일어나지 않으며, 적절한 난이도가 핵심이라고 강조한다. 난이도와 개인 역량의 균형을 중요시한 것이다.

또 평범한 일상도 내가 스스로 정한 재미있는 도전이나 목표를 부여하면 몰입이 가능하다고 말한다. 예를 들어 집안일, 산책, 대화 등이 이에 해당한다. 우선 몰입을 위해서는 1가지 일에 집중해야 하며, 스마트폰 알림이나 소음 등 몰입을 방해하는 요소를 제거해야 한다. 또한 외부 보상보다 활동 자체에서 의미를 찾는 것이 중요하며, 반복되는 새로운 자극을 통해 몰입 상태를 지속하는 것도 필요하다고 말한다.

　　몰입 활동은 자연스러운 만족감, 시간 왜곡, 자아의식의 소멸, 내적 성장을 이끌며 궁극적으로 삶의 의미와 행복감으로 귀결된다. 특히 미하이 칙센트미하이의 연구 대상자들은 몰입을 통해 더 높은 창의성, 향상된 성과, 정서적 회복 탄력성을 얻었다고 보고되었다. 그의 몰입 습관은 '깨어 있는 집중', '의도적 목표 설정', '내적 보상 중심의 활동'을 통해 일상을 의미로 가득 채우는 삶의 태도이다. **그는 몰입을 꾸준히 연습하면 행동 그 자체가 성장의 원동력이 되며, 삶의 만족과 행복을 더욱 증대시킬 수 있다고 말한다.**

김연아

전 피겨스케이팅 선수, 문화 · 스포츠 홍보대사

> "지금 이 순간, 내가 할 수 있는 일에만 집중해요."

김연아는 대한민국의 전설적인 피겨스케이팅 선수로, 피겨스케이팅 4대 국제 대회(동계 올림픽, 세계 선수권 대회, 4대륙 선수권 대회, 그랑프리 파이널) 에서 모두 우승하며 그랜드 슬램을 달성한 최초의 여자 싱글 선수이다. 2010년 밴쿠버 동계 올림픽 여자 싱글 부문에서 금메달을 획득하며 대한민국 피겨스케이팅 역사상 첫 올림픽 메달리스트가 되었고, 2014년 소치 동계 올림픽 여자 싱글 부문에서 은메달을 추가하며 올림픽에서 두 번째 메달을 획득했다. 세계적인 명성과 함께 한국 스포츠 역사에 깊은 발자취를 남긴 인물이다.

◇ 그녀의 어린 시절은 어땠을까?

그녀는 1990년 경기도 부천에서 태어났다. 어릴 적부터 몸이 약한 편이었고, 처음에는 운동신경이 뛰어나지 않았던 것으로 알려져 있다. 그녀는 7세 때 과천 시민회관 실내 빙상장에서 처음 스케이트를 접했다. 초등학교 1학년 무렵, 그녀의 재능을 알아본 코치의 권유로 본격적인 피겨 훈련을 시작했는데 초등학교 3학년부터는 해외 무대를 준비하며 세계적인 지도자 밑에서 국제적인 선수로 성장하기 위한 기반을 다졌다고 한다.

김연아는 철저한 루틴과 자기 관리로도 유명하다. 매일 정해진 시간에 일어나고, 연습 전에는 항상 몸을 푸는 루틴과 정신을 가다듬는 루틴을 지켰다. 또한 연습 중 어떤 점이 부족했는지, 어떤 기술에서 실패했는지를 일기처럼 기록하고 분석했다. 이러한 메모와 기록은 그녀의 자기 객관화 능력을 크게 높여 주었다. 초등학생 때 점프하다가 넘어져 허리를 크게 다친 적이 있었는데, 그 후 빙상에 다시 서는 것이 두려워졌다. 하지만 코치와 부모님의 격려로 다시 점프에 도전했고 결국 그녀는 성공했다. 이 경험은 어린 김연아에게 두려움과 싸워 이기는 법을 가르쳐주었다.

◇ 그녀의 부모님은 그녀를 어떻게 키웠을까?

그녀의 아버지는 항상 훈계하거나 간섭하기보다는, 아이가 어머니와 함께 세운 목표를 믿고 지켜봐 주는 역할을 했다. 또한 피겨스케이팅은 장비, 의상, 빙상장 대관료, 훈련비 등 큰 비용이 들기 때문에, 가족의 재정 대부분을 그녀의 훈련에 투자했고, 본인의 여가나 욕심은 거의 내려놓았다. 어머니가 실질적인 코치이자 매니저 역할을 했다면, 아버지는 뒤에서 조용한 지지자 역할을 했다.

그녀의 어머니는 그녀가 7세에 피겨를 시작한 이후 '제2의 감독'이라 불릴 정도로 훈련 전반을 세심하게 관리했다. 직접 피겨 관련 서적을 읽고 정보를 찾아 계획, 영양, 훈련 장소까지 꼼꼼히 챙겼다. 매일 새벽 아이를 깨워 빙상장으로 데려다주었으며, 멀리 떨어진 빙상장에도 항상 동행했다. 해외 전지훈련이 필요할 때는 낯선 언어와 부담스러운 비용에도 불구하고 끝까지 함께하며 생활을 관리했다. 부상이나 경기 실패로 힘들어할 때는 "괜찮다. 네가 해낸 그것만으로도 충분하다."라며 위로했지만, 동시에 "다시 일어나야 한다."라는 메시지도 분명히 심어주었다. 성적보다 과정과 태도를 중시하며, 아이가 엄격한 루틴을 통한 자기 관리 습관화를 배울 수 있도록 도왔다. 또한 그녀가 단지 개인의 명예에 만족하지 않고 '한국 피겨계 발전'까지 생각하도록 큰 목표와 책임감을 강조했다.

그녀의 부모님은 어린 시절 아이가 무엇을 좋아하고 잘하는지 세심하게 관찰하며, 아이가 가진 하나의 재능을 발견했고 그것에 집중했다. 이 과정에서 그녀는 마치 "운동하는 로봇이 된 것 같아 외로웠다."라고 회상할 정도로 훈련에만 몰입했다. 매일 혹독한 훈련과 몰입으로 자신만의 잠재력을 깨워 나갔다. 또한 그녀의 부모님은 그녀가 실수할 때 스스로 감정을 통제하고 극복하는 힘을 기를 수 있도록 무조건적인 지지보다는 냉정함과 엄격함으로 그녀를 가르쳤다.

◇ 그녀의 몰입 습관은 어떠한가?

김연아 선수의 몰입 습관은 세계 정상급 선수로 성장할 수 있었던 핵심 비결 중 하나라고 할 수 있다. 그녀는 단순히 '열심히' 하는 것을 넘어, 매 순간 깊이 몰입함으로써 기술, 예술, 그리고 정신력을 모두 끌어올렸다. 김연아는 훈련 중 단 한 번도 연습을 '대충'한 적이 없다고 한다. 하루에 수십 번 점프를 반복하더라도 매번 대회처럼 몰입했다고 알려져 있는데, 그녀에게 몰입은 재능이 아니라 태도였다. '완벽한 연습이 완벽한 경기를 만든다'는 생각으로 평범한 훈련도 몰입하는 습관을 통해 자신만의 루틴을 만들었고, 외부 자극을 차단하며 감정을 조절하고 반복 훈련을 몰입 상태로 끌어올렸다. 그녀는 몰입을 특별한 재능이 아니라 매일의 선택과 훈련으로 만들어진 습관으로 실천했다.

김연아 선수는 훈련 중에 '잘해야 한다'라는 생각보다는 몸의 감각에 집중한다. 머릿속에 생각이 많아지면 오히려 실수가 늘어난다는 것을 알게 되면서, 감정과 판단을 잠시 내려놓고 느낌에 집중하는 습관을 들였다. 또

199

한 그녀는 경기장의 긴장감 속에서도 오히려 더 몰입하는 능력이 있었다. 대부분의 선수가 흔들리는 상황에서, 그녀는 관객, 심사 위원, 그리고 음악과 하나 되는 몰입을 통해 최고의 연기를 끌어냈다.

이는 어린 시절부터 다양한 무대 경험과 감정 표현 훈련(발레, 연기 등)을 통해 길러진 습관이기도 하다. 그녀는 피겨스케이팅뿐만 아니라 영어 공부, 체력 훈련, 심리 훈련 등 모든 활동에 일관된 몰입 방식을 적용한다. **멀티태스킹을 지양하며 한 번에 1가지에 깊이 몰입하는 연습을 꾸준히 이어간다.**

엘리너 루스벨트

Eleanor Roosevelt

> "매일 당신을 두렵게 하는 일을
> 1가지씩 하라."

그녀는 미국 제32대 대통령 프랭클린 D. 루스벨트의 부인이자, 역사상 가장 영향력 있는 퍼스트레이디로 불린다. 어린 시절 부모를 잃고 외로움 속에서 성장했지만, 영국 유학 시절 진보적인 교육을 받으며 자립심과 지도력을 키웠다. 남편이 소아마비로 활동이 제한되자 대신 현장을 누비며 국민과 소통했다. 매일 칼럼을 쓰고 수많은 연설을 하며 사회적 목소리를 적극적으로 냈다. 여성 권익, 흑인 인권, 아동 복지 등 사회적 약자의 편에 섰고, 제2차 세계대전 후에는 유엔에서 활동하며 1948년 세계인권선언을 주도했다. 그런 그녀는 단순한 대통령의 아내가 아니라 '세계의 영부인'으로 불리며 인권과 정의의 상징으로 남았다.

◇ 그녀의 어린 시절은 어땠을까?

그녀는 1884년 미국 뉴욕에서 태어났다. 그녀의 집안은 루스벨트 가문으로, 뉴욕의 명문가였다. 루스벨트 가문은 17세기 네덜란드 이민자 출신으로, 오래전부터 뉴욕에 정착해 있었으며 미국 동부 사회에서 '올드 머니' 가문으로 불렸다. 이는 단순한 부유층이 아니라 전통적인 상류 사회에 속한 집안이라는 의미였다. 엘리너가 자랄 때도 맨해튼의 좋은 집과 별장을 소유하고 있었고, 상류층 자녀들만 다닐 수 있는 학교와 사교 모임에 참여할 수 있었다. 또 엘리너는 당시 현직 대통령의 조카이기도 했다.

하지만 겉보기와 달리 그녀의 어린 시절은 매우 힘들었다. 아버지는 알코올 중독으로 정신적으로 매우 불안한 삶을 살다가 엘리너가 10세 때 돌아가셨다. 어머니는 그녀가 8세 때 디프테리아로 세상을 떠났다. 열 살 무렵 부모를 모두 잃고 할머니 집에서 자란 엘리너는 외로움과 불안 속에서 성장했다. 15세 때 그녀는 영국의 진보적인 명문 기숙학교에 진학했다. 이곳에서 엘리너는 마리 수베스트르 선생님의 가르침을 받으며 스스로 생각하고 사회 문제에 참여해야 한다는 철학을 배웠다. 이후 그녀는 내성적이고 불안했던 소녀에서 점차 자신감 있는 리더로 성장하기 시작했다.

◇ 그녀의 부모님은 그를 어떻게 키웠을까?

그녀의 아버지 엘리엇 루스벨트는 당시 제26대 미국 대통령 시어도어 루스벨트의 친동생이었다. 그는 사교적인 성격으로 많은 이들에게 사랑받았지만, 책임감이 부족한 면이 있었다. 심한 알코올 중독과 정신적 불안정으로 가정에 안정감을 주지 못했고, 여러 차례 요양원 생활을 했다. 그러나 딸에게는 매우 다정하고 사랑이 많은 아버지였다. 딸에게 자주 "넌 특별하다. 넌 사랑받을 자격이 있다."라고 말하며 자존감을 키워주려 노력했다. 그녀가 열 살이 되던 해, 결국 그는 알코올 의존으로 인한 건강 악화와 정신적 고통 속에서 사망했고, 아버지의 죽음은 어린 엘리너에게 큰 상실의 고통으로 다가왔다.

그녀의 어머니 안나 홀 루스벨트는 뉴욕 상류층 출신으로, 아름답고 세련된 여성으로 평가받았다. 사회적으로 주목받는 가문에서 자라 사교계 활동에 익숙했으며, 외모와 사교성을 중시하는 사람이었다. 그런 그녀는 어린 날 엘리너의 내성적이고 수줍은 성격과 평범한 외모를 자주 비난하기도 했다. 어린 엘리너에게 종종 "Granny(할머니)"라고 부르며 수줍어하는 아이의 태도를 비꼬았고, "넌 예쁘지 않다."라는 식의 말을 자주 하여 엘리너의 자존감에 큰 상처를 주었다. 엘리너가 여덟 살이 되던 해, 그의 어머니는 디프테리아로 세상을 떠났다. 어머니의 상실 또한 그녀에게 큰 충격이었다. 이러한 아픈 경험들은 후에 그녀가 타인의 고통과 사회적 약

                                              3부 함께 성장하는 삶을 말하다

자에 대한 공감 능력을 키우는 계기가 된 것으로 보인다.

◇ 그녀의 몰입 습관은 어떠한가?

그녀는 늘 자신이 옳다고 믿는 일에 몰두했다. 또 남편 루스벨트 대통령의 그림자를 넘어, 여성, 빈민, 인권 문제를 자신의 사명으로 삼아 모든 에너지를 쏟았다. 사람을 두려워하지 않았으며, 진실을 말하는 데 전념했다. 그는 매일 책을 읽고 신문을 챙겨 보며 세상 돌아가는 일을 파악했다. 또한 매일 일기와 칼럼을 쓰면서 생각을 정리하고 발전시켰다. 이러한 꾸준한 몰입이 그녀를 '미국의 양심'이라 불리게 했다. 그녀는 수많은 사람들과 만날 때 진심으로 귀 기울여 듣는 습관이 있었다. 특히 소외된 사람들의 목소리에 귀를 기울이고, 그들의 이야기를 정책과 행동으로 연결했다.

그녀의 몰입은 말보다 경청에서 더욱 강하게 드러났다. 그녀는 어린 시절 부모의 죽음, 외모에 대한 열등감, 남편의 외도 등 수많은 시련에도 좌절하지 않고 자신의 역할에 몰두했다. 힘든 상황에서도 '내가 할 수 있는 일은 무엇인가?'에 집중하는 습관이 있었다. 그녀는 단순히 생각에 그치지 않고 늘 실천으로 옮겼다. 유엔 인권위원회 의장으로 활동하며 '세계인권선언'을 끌어낸 것도 그녀의 몰입이 행동으로 이어진 대표적인 사례라 할 수 있다.

기록

남겨둔 흔적이 아이와 부모의 성장을 이끈다

우리는 종종 멋진 아이디어를 떠올린다. '이 아이디어 정말 좋은데!' 하지만 시간이 조금만 지나면 그 생각은 금방 사라진다. 하루가 지나면 흐려지고, 감정이 바뀌면 생각의 방향도 바뀌게 된다. 기록되지 않은 생각은 곧 사라진다. 하지만 기록으로 남겨진 생각은 남아서 다시 읽히고, 다시 행동으로 이어진다. 기록된 생각에는 흔들릴 때 돌아갈 기준이 생기고, 감정이 앞설 때 멈추게 하는 힘이 생긴다.

기록이란 그냥 적어두는 일이 아니다. 머릿속을 스쳐 지나가던 상상을 붙잡아 눈앞의 현실로 끌어내는 첫걸음이다. 기록하는 순간, 막연한 생각은 구체적인 형태를 갖추고, 다시 읽는 순간 새로운 아이디어로 확장된다. 결국 기록은 상상을 현실로 이끄는 힘이라고 할 수 있다.

부모의 기록은 아이를 바꾸기 전에 부모 자신을 먼저 돌아보게 한다. 하

    3부 함께 성장하는 삶을 말하다

루를 적다 보면 아이를 혼낸 이유가 아이 때문이었는지, 내가 지쳐 있었기 때문이었는지 알게 된다.

기록은 아이에게 말로 가르치지 않아도 되는 교육이다. 적어보고, 돌아보고, 다시 선택하는 부모의 모습을, 아이들은 그대로 보고 배우기 때문이다.

위대한 작가, 과학자, 운동선수, 기업가들 모두 기록하는 습관을 통해 성장해 왔다.

우리 아이에게 기록 습관을 길러주는 것은, 기록을 통해 자기 생각을 정리하는 법을 배우고, 마음속 깊은 이야기를 꺼내는 용기를 얻게 해주는 것이다. 하루하루 쌓인 작은 기록들은 결국 그 아이의 세계를 넓히고 미래의 방향을 밝혀 줄 수 있을 것이다.

레오나르도 다빈치는 평생 노트에 아이디어와 질문을 적었고, 토머스 에디슨은 3천 권이 넘는 실험 노트를 남겼다. 김승호 회장은 목표를 반복해서 손으로 쓰는 습관이 있었고, 김연아는 점프 후 감각을 메모하며 완벽한 루틴을 다듬었다. 스티브 잡스는 영감이 떠오를 때마다 즉시 기록했다. 그들은 모두 감정, 생각, 실수, 깨달음을 적으며 자신을 객관적으로 바라볼 수 있다. 또한 무엇을 했고 왜 했는지 적다 보면 반복되는 패턴과 습관이 보이기 시작한다. 기록은 당신의 삶이 '흘러가는 것'이 아니라 '써 내려가는 것'으로 바뀌게 하는 귀중한 습관 중 하나다.

천재 예술가이자 발명가였지만 무엇보다 기록을 통해 자신의 상상을 남긴 **레오나르도 다빈치.** 힘겨운 삶 속에서도 손끝에서 흘러나온 기록으로 『해리 포터』라는 세계를 창조한 **조앤 롤링.** 실험 노트를 발판 삼아 인류를 빛으로 이끈 과학자 **마리 퀴리.** 이제 우리는 이 세 사람의 이야기를 통해 기록이 어떻게 상상을 현실로 이끄는 힘이 되고, 흔적이 되었는지 살펴보려 한다.

레오나르도 다빈치

"나는 나 자신을 배우기 위해,

나를 위해 기록한다."

레오나르도 다빈치는 르네상스 시대를 대표하는 인물로, 〈모나리자〉와 〈최후의 만찬〉 같은 작품을 통해 예술사에 길이 남을 걸작을 남겼다. 그는 7,000쪽이 넘는 노트에 발명 아이디어, 해부학, 수학, 예술, 그리고 다양한 질문들을 기록했다. 그의 기록 덕분에 500년이 지난 지금도 인류는 그를 연구하고 있다. 그는 단순한 화가나 발명가가 아니라, 기록의 천재였다. 그의 놀라운 창조력은 타고난 재능뿐만 아니라, 기록하는 습관에서 비롯되었다고 할 수 있다. 그는 '생각을 저장하고 확장하는 도구'로 기록을 활용했으며, 그 결과는 수천 페이지에 달하는 노트로 남아 오늘날에도 연구되고 있다.

그는 이탈리아 피렌체 공화국의 작은 마을 빈치(Vinci)에서 태어났다. 그래서 '다빈치'는 '빈치 출신'이라는 뜻이다. 레오나르도는 정규 학교에 거의 다니지 않았고, 정규 고등교육도 받지 않았다. 하지만 그는 자연 속에서 관찰하고 실험하며 창의성을 극대화했다. 어린 시절부터 시골 자연에서 동·식물, 물의 흐름, 바람, 빛 등을 유심히 관찰했고, 그것을 그림으로 그리며 옆에 짧은 메모를 남겨 정리하는 습관이 있었다. 그는 작은 개미의 움직임이나 새의 비행도 주의 깊게 관찰하고 기록했는데, 이것이 훗날 '비행 기계 설계'로 연결되었다.

어린 시절 라틴어와 정규 문법 교육을 받지 못했기에 그의 기록은 문장보다는 '그림 중심'이었다. 그림은 그의 사고를 표현하는 언어였으며, 나중에는 글과 함께 사용하는 습관으로 발전했다. 그는 이미 어린 시절부터 실패하거나 이해되지 않은 것들도 기록하는 습관을 지니고 있었다. "왜 그런 시 모르겠어.", "내일 다시 해보자."와 같은 메모가 남아 있다는 점에서, 자기 피드백을 위한 기록 태도가 어릴 때부터 존재했음을 알 수 있다. 또한 그는 주변 세계에 대해 끊임없이 질문을 던졌고, 그 질문들을 노트 구석에 메모하는 습관이 있었다.

그의 대표적인 질문들은 다음과 같다. "새는 어떻게 날 수 있을까?", "물은 왜 똑바로 떨어지지 않고 퍼질까?", "사람의 눈은 어떻게 빛을 보는 걸까?" 그는 14세 전후로 베로키오의 공방에 들어가면서 그림 기법, 재료 혼합법, 도구 사용법 등을 체계적으로 배우며 메모하는 습관을 갖게 되었다. 공방에서는 관찰 → 실습 → 기록 → 반성의 루틴이 중요한데, 레오나르도는 이를 가장 적극적으로 실천한 수련생이었다.

◇ 그의 부모님은 그에게 어떤 영향을 미쳤을까?

아버지는 세르피에로 다빈치로, 변호사이자 공증인이었으며 당시 기준으로 중상층 지식인이었다. 그러나 그의 아버지는 라틴어, 수학, 고전 학문을 가르치지 않고, 그가 스스로 탐구하고 그림을 그리도록 내버려두었다. 대신 그는 아들의 재능을 일찍 알아보고 격려했다. 특히 14세 무렵, 아버지는 그를 유명 화가 안드레아 델 베로키오의 공방에 견습생으로 보냈는데, 이는 그의 인생에 결정적인 전환점이 되었다. 그의 아버지는 공부보다 기술과 관찰, 실용 능력을 중시하는 교육관을 가졌던 것으로 보인다.

어머니 카테리나는 농민 출신의 평범한 여성으로, 그의 아버지와는 사회적 신분 차이가 컸다. 레오나르도는 혼인 관계 밖에서 태어난 아이였기 때문에 정식 교육을 받기 어려웠다. 그는 주로 아버지와 조부모, 삼촌에게서 자랐으며, 어머니의 역할은 상대적으로 적었다. 합법적인 자녀가 아니었기 때문에 대학이나 고급 라틴어 교육(수학, 고전 철학 등)에 접근하기 어려웠다. 대신, 그는 기본적인 읽기, 쓰기, 산수 정도만 배웠고, 나머지는 독학과 경험을 통해 성장했다.

◇ 그의 기록 습관은 어땠을까?

레오나르도 다빈치는 기록하는 습관을 통해 천재성을 체계화한 인물이다. **그의 메모 습관은 단순한 기록을 넘어 관찰, 사고, 창조의 핵심 도구였다.** 레오나르도는 메모를 통해 생각을 붙잡고 확장하고자 했다. 그는 순간 떠오르는 아이디어, 질문, 관찰 결과, 발명 구상, 그림 계획, 심지어 장난스러운 말장난과 농담까지 모두 노트에 남겼다. 1480년대부터 죽을 때까지 그는 3만 장이 넘는 노트를 작성했으며, 현재 약 7,000장이 보존되어 있다. 그는 해부학, 식물, 동물, 물의 움직임, 하늘, 기계, 수학, 음악, 철학 등 다양한 분야를 자유롭게 넘나들며 기록했다. "새는 어떻게 날까?", "심장은 왜 이렇게 생겼을까?"와 같은 의문이 생기면 즉시 적었다. 복잡한 구조는 그림으로, 원리는 글로 설명했다.

그는 "모든 것은 연결되어 있다."라는 신념을 가지고 있었으며, 이 언설을 메모로 시각화하고 정리했다. 예를 들어, 물의 흐름을 관찰한 메모는 이후 '회전하는 물살'에서 '머리카락 곡선 묘사'로 연결되어 미술에 영향을 주었다. 떠오르는 아이디어는 흐름이 지나가기 전에 기록해야 한다고 그는 믿었다. 대답보다 질문을 적는 습관이 더 큰 사고를 만들어냈다. 이미지와 언어가 함께할 때 기억과 이해가 깊어진다고 생각했으며, 창의력은

　　　　　　　3부 함께 성장하는 삶을 말하다

다양한 영역의 기록이 우연히 연결될 때 폭발한다고 했다. 레오나르도의 천재성은 뛰어난 기억력이 아니라 '기록'에서 비롯되었다. 그는 세상을 보며 끊임없이 질문하고, 그리고 적었다. 그의 노트는 '생각의 공방'이자 '상상력의 실험실'이었다.

조앤 롤링

J.K.Rowling

> "정말 좋은 글을 쓰기 전에,
> 수많은 종이를 낭비할 각오를 해야 한다."

전 세계적인 베스트셀러『해리 포터』의 작가 조앤 롤링은 소설가를 넘어 상상력과 인내, 기록과 몰입을 통해 세계적인 문화 현상을 만들어낸 인물이다. 그녀는 문학, 출판, 문화, 사회 전반에 걸쳐 막대한 영향력을 끼친 인물이기도 하다. 그녀의 책은 전 세계 80여 개 언어로 번역되어 5억 부 이상 판매되었으며, 인류 역사상 가장 많이 읽힌 소설책이 되었다.

아동 문학을 '아이들만의 책'이 아니라 모든 세대가 읽는 세계 문학으로 끌어올렸다. 또 시리즈물의 힘을 보여주며 출판계에 '판타지, 청소년 문학 시장'을 거대한 산업으로 성장시키기도 했다. 해리 포터 이야기는 우정, 사랑, 정의, 희생과 같은 보편적 가치를 전하며 독자들에게 삶의 지침서가 되기도 했으며 전 세계적으로 아동과 청소년이 책을 읽는 계기를 마련해 '독서 붐'을 일으키기도 했다.

  3부 함께 성장하는 삶을 말하다

⬦ 그녀의 어린 시절은 어땠을까?

　그녀는 1965년 영국 잉글랜드 글로스터셔에서 태어났다. 조앤은 어린 시절부터 찰스 디킨스, 루이스 캐럴, 톨킨 등의 책을 탐독하며 자랐고, 독서광이었다. 여섯 살 무렵에는 홍역에 걸린 동생 다이앤을 위해 이야기를 썼는데, 이것이 조앤의 첫 자작 동화인『래빗』이다. 어릴 적 그녀는 말이 빠르고 상상력이 풍부해 '꿈 많은 아이' 또는 '이상한 아이'라는 별명을 얻기도 했다. 중학교 시절 그녀는 교사와의 갈등이나 친구 관계에서 겪은 감정들을 기록해 놓았는데 이것은 훗날『해리 포터』속의 인물들로 표현되기도 했다.

⬦ 그녀의 부모님은 그에게 어떤 영향을 미쳤을까?

　그녀의 아버지는 롤스로이스에서 항공기 엔지니어로 일하셨다. 아버지는 실용적이고 안정적인 직업을 원했으며, 조앤에게도 안정된 직업을 가져야 한다고 말씀하셨다. 딸이 글을 쓰고자 하는 열망을 보였을 때는 크게 지지하지 않으셨는데, 그녀는 훗날 "아버지는 내가 글을 쓰는 것을 이해하지 못했고, 나는 그 점이 서운했다."라고 회고하기도 했다. 아버지는 어머니와 달리 실용주의적이고 보수적인 태도를 보였고, 이러한 점이 조앤에게는 "내가 진짜 하고 싶은 것을 증명해야 한다."라는 도전 정신을 심어주었다.

　어머니 앤 롤링은 화학 분야 연구실에서 근무한 것으로 알려져 있다. 조앤에게 어릴 때부터 책을 많이 읽어 주셨고, 조앤이 글을 쓰거나 이야기를 창작하는 것을 적극적으로 지지해 주셨다. 롤링이 여섯 살 때 동화책을 쓰기 시작했을 때도 칭찬과 격려를 아끼지 않았다. 그녀는 잔소리보다는 아이의 내면세계를 존중해 주는 부모였고, 조앤은 "내 어머니는 나의 가장 큰 정신적 지지자였다."라고 말했다.

그녀가 15세 무렵, 어머니는 다발성 경화증 진단을 받고 오랜 시간 투병 생활을 하시다 돌아가셨는데, 조앤은 큰 감정적 충격과 외로움을 느꼈다. 이 시기의 슬픔은 『해리 포터』의 주인공이 부모를 잃은 상실감에 반영되어 있다. 그녀는 "슬픔이 내 마음 깊은 곳에 그림자를 드리웠지만, 동시에 가장 진실한 이야기를 쓰게 했다."라고 말하며 어머니에 대한 그리움을 표현했다.

◇ 그녀의 기록 습관은 어떠한가?

조앤 롤링이 세상에서 가장 가난한 미혼모에서 세계적인 작가가 될 수 있었던 비결은 무엇일까? 많은 이들이 그녀의 화려한 성공에 주목하지만, 그 시작은 화려하지 않았다. 그것은 무엇이든, 어디서든 생각나는 것을 기록하는 그녀의 습관에 있었다. 그녀는 『해리 포터』 세계관을 창작하기 전부터 수많은 아이디어를 공책, 티슈에까지 메모하며 기록했다. 주요 인물, 줄거리 흐름, 마법 세계의 규칙 등을 체계적으로 도식화하고 정리하는 습관을 지녔다. 그녀는 기록할 종이가 없을 때 비행기 멀미 봉투나 냅킨에 글을 쓰기도 했다. 영감은 예고 없이 찾아온다. 일상의 모든 순간을 기록의 재료로 삼은 그녀는 **"아이디어는 떠오르는 순간 반드시 붙잡아야 한다. 기록은 기억보다 믿을 수 있다."**라고 말한다.

그녀는 당시 생활고로 인해 카페에서 딸을 유모차에 재운 채, 집중력 있게 『해리 포터』를 집필했다. 또 등장인물들의 성격, 교사들의 말투, 친구들의 태도 등 평범한 일상에서 영감을 얻었으며, 현실에서 보고 들은 것들을 마음속에 저장하거나 기록해 작품에 녹여냈다. 예를 들어, 작품에 나오는 스네이프 교수는 실제 고등학교 화학 교사에서 모티브를 얻었고, 해그리드는 친구와 동물, 사람을 합쳐 창조되었다.

그녀의 기록은 이야기를 적는 것에 그치지 않았다. 롤링은 소설을 쓰기 전, 마법 세계의 역사, 가문의 계보, 마법 공식 등을 수천 페이지에 걸쳐 미리 설정했다. 출판사로부터 열두 번의 거절을 당하는 중에도 그녀가 포기하지 않았던 이유는, 자신의 노트 속에 이미 완성 되어 있는 방대한 세계에 대한 믿음이 있었기 때문이다.

마리 퀴리

Marie Curie

> "과학에서 중요한 것은 새로운 사실을 발견하는 것이 아니라,
> 그것을 어떻게 기록하고 설명하느냐 하는 것이다."

인류 역사상 노벨 물리학상과 노벨 화학상, 두 분야에서 노벨상을 받은 최초의 인물이자 지금까지도 유일한 여성이다. 그녀는 라듐과 폴로늄을 발견하고 방사능 개념을 정립한 과학자이다. 또 방사선의 성질을 체계적으로 연구하여 현대 원자물리학, 핵의학, 방사선 치료의 기초를 마련했다. 마리 퀴리는 연구 일지를 극도로 정밀하게 작성하여 라듐과 폴로늄 분리, 실험 과정, 방사성 데이터 등을 상세히 기록했으며, 이는 후대 연구자들에게 귀중한 자원이 되었다.

◇ 그녀의 어린 시절은 어땠을까?

마리 퀴리는 1867년 러시아 제국 지배하의 폴란드 바르샤바에서 다섯 형제자매 중 막내로 태어났다. 어머니는 마리가 10세일 때 폐결핵으로 세

상을 떠났고, 그로부터 2년 뒤 큰언니 조피아도 장티푸스로 사망하면서 어린 시절부터 큰 상실을 경험했다. 아버지는 러시아의 정책에 반대하는 태도 탓에 해고당했고, 가족은 급격히 가난해졌으며 생계를 위해 살던 집에 하숙생을 받아 운영해야 했다.

그녀는 어린 시절부터 기억력이 뛰어났고, 네 살 때부터 독서를 시작했는데 지식에 대한 열망이 매우 컸다. 남녀 차별이 심한 시절임에도 아버지의 영향을 받아 과학 기구를 다루는 법을 익히고 스스로 탐구하였으며 학교 공부에도 열중했다. 15세에 고등학교를 수석 졸업하고 이후 러시아의 통제에 반발한 폴란드인의 비밀 고등교육기관인 '플라잉 유니버시티'에 참석했다. 그녀는 언니 브로니스가 먼저 파리에서 의과 공부를 할 수 있도록 바르샤바에서 가정교사와 과외 교사로 일하며 자금을 마련했는데, 그 당시 가정교사라는 직업은 낮게 평가되었고 소외감과 경제적 어려움이 더해져 그녀는 힘든 시간을 보내기도 했다.

하지만 그녀는 포기하지 않고 사설 강의를 통해 스스로 학문을 이어갔다. 1891년, 언니가 파리에서 의학 공부를 시작할 무렵 마리도 파리로 떠날 준비를 했지만, 학비가 부족했고 자신의 교육과 언니의 학업을 위해 아버지의 도움과 자력 노력으로 비용을 마련했다. 이후 마리는 소르본 대학교에서 물리학과 수학 학위를 차례로 받았고, 세계적인 과학자로 성장해

나갈 수 있었다.

◇ **그녀의 부모님은 그녀에게 어떤 영향을 미쳤을까?**

아버지는 물리학과 수학을 전공하였으며, 바르샤바에서 수학 및 물리 교사와 보조 교장직을 역임했다. 당시 폴란드는 러시아 제국의 지배를 받고 있었기 때문에 교육 현장에서 폴란드어와 과학 교육이 억압되었다. 그는 가능한 한 아이들에게 실험과 실습 중심의 과학 체험을 제공하려 애썼다. 러시아 당국이 학교에서 실험 수업을 금지하자, 대부분의 실험 장비를 집으로 옮겨 자녀들에게 직접 실험을 가르쳤다. 마리는 어린 시절부터 아버지 덕분에 자택에 실험 기구를 갖추고 아버지와 함께 과학 실험을 하며 과학에 눈을 뜰 수 있었다. 그는 자녀들이 스스로 생각하고 학습할 수 있는 분위기 속에서 가정을 이끌었으며, 마리는 한동안 '홈스쿨링' 형태의 교육을 받았다. 아버지는 마리의 과학적 감각을 인지하고 이를 지원하기 위해 최선을 다했다.

어머니는 폴란드의 노블 가문 출신으로, 바르샤바에 있는 권위 있는 여학생 기숙학교의 교장이었다. 이후 교장직을 내려놓고 가정에 집중했으나, 건강 악화로 43세의 젊은 나이에 세상을 떠났다. 어머니의 조기 사망은 마리에게 큰 영향을 미쳤다. 하지만 그 이전까지 전해진 교육적 가치는 마리와 그녀의 가족 전체에 지속적인 영향을 끼친 것으로 보인다.

◇ 그녀의 기록 습관은 어떠한가?

그녀는 어린 시절부터 아버지와 함께 실험 도구를 다루며 관찰 결과를 정리하는 습관을 자연스럽게 익혔다. 아버지는 직접 과학 실험과 학습 내용을 기록하는 습관을 자녀에게 가르쳤고, 이는 과학적 호기심과 학습 태도의 일부로 자리 잡았다. 그녀는 실험을 수행할 때마다 각 단계를 세심하게 기록했다. 성공과 실패를 모두 문서로 만들어 후대 연구자들이 실험 과정을 정확히 따라갈 수 있도록 했다.

그녀의 남편 피에르 퀴리가 1906년 교통사고로 사망했는데 그 후, 마리는 일기 형식의 기록을 쓰기 시작했다. 이 노트는 주로 'My Pierre'라고 불리며, 자신의 슬픔과 그리움을 담은 글이 많았다. 일기 속에서 그녀는 "마음이 점점 더 딱딱하게 굳어간다. 전에는 과학이나 기타 주제에 몰입했지만, 이제는 거의 집중할 수 없다."라고 고백하며 **내면의 고통을 솔직하게 드러냈다.** 그녀에게 기록은 감정을 정리하고 심리적으로 회복하는 수단이 되기도 했다.

그녀의 연구 노트와 실험 기록은 라듐 등 방사성 물질에 오염되어 있어, 현재도 프랑스 국립도서관에서 납 상자에 보관되고 있으며, 보호 장비를 갖춘 참고자만 접근할 수 있다. 과학적 성과의 누적 중요성을 이해하고 있던 마리는 기록을 통해 실험 결과를 체계적으로 정리하여 오래된 자료도

재현할 수 있게 했고, 이는 곧 연구의 지속 가능성으로 이어졌다. 또, 정제된 형태의 기록은 마리가 여성 과학자로서 신뢰를 쌓는 데에도 중요한 역할을 했다.

그녀는 사랑하는 사람을 잃은 후에도 글을 기록함으로써 자신의 내면세계를 정리할 수 있었다. 그녀의 일기는 감정의 배출구이자 정서적 자립을 돕는 도구로 기능한 것으로 보인다.

12

실천

생각을 움직임으로 바꿀 때 변화는 시작된다

생각만으로 삶이 달라진 적은 거의 없다. "해야지.", "바뀌어야지.", "언젠가는."이 말들은 마음속에서 수없이 오가지만 움직이지 않으면 아무 일도 일어나지 않는다.

"이런 일을 해보면 어떨까?", "언젠가 기회가 되면 꼭 해봐야지.", "기회가 되면…" 하지만 기회는 좀처럼 찾아오지 않는다. 생각만으로는 아무것도 변하지 않는다.

많은 부모가 아이의 변화를 기다린다. 조금 더 크면 괜찮겠지. 조금 더 철들면 낫겠지. 환경이 바뀌면 달라질 거라고 믿는다. 하지만 아이는 기다림 속에서 잘 바뀌지 않는다. 아이의 변화는 부모의 행동이 먼저 움직였을 때 시작된다. 행동하지 않는 부모의 진심은 아이에게 전해지기 힘들다. 아무리 좋은 말도, 아무리 옳은 방향도 실천이 없으면 아이에게는 '소리'로만 남게 된다. 하지만 부모의 작은 행동 하나는 아이의 삶에 오래 남는다. 실천은 거창한 일을 시작하는 것이 아니다. 작은 발걸음 하나, 짧은 시도 하나가 실천의 시작이다. 중요한 것은 완벽한 준비가 아니라, 지금 당장 움직이는 '용기'이다.

아이에게도 실천은 가장 큰 배움이다. 실패하더라도 직접 경험을 쌓으면 자신감이 자라고, 행동 속에서만 얻을 수 있는 깨달음을 얻게 된다. 결국 행동은 두려움을 극복하게 하고 새로운 가능성을 열어준다. 이 진리를 몸소 보여준 사람들이 있다.

새로운 유통 방식을 실천하며 한국의 식문화를 혁신한 마켓컬리 **김슬아** 대표. 환경을 바꾸겠다는 결심 하나로 거리 시위에 나서 세계를 움직인 **그레타 툰베리.** 앞이 보이지 않는 장애를 딛고 끝내 행동으로 세상을 감동시킨 **헬렌 켈러.**

이제 우리는 이 세 사람을 통해 행동이 어떻게 인생을 바꾸고 세상을 변화시키는 원동력이 되는지 함께 들여다보려 한다.

김슬아

마켓컬리 대표

> "실천은 용기가 아니라 습관입니다."

대한민국을 대표하는 여성 기업가로, 온라인 신선식품 유통 플랫폼인 마켓컬리를 운영하는 창업자이자 CEO이다. 그녀는 2014년에 더 파머스를 창업한 후 이를 마켓컬리로 발전시켰으며, 밤 11시 이전에 주문하면 다음 날 아침 7시까지 배송하는 새벽 배송 시스템을 도입하여 신선식품 유통에 혁신을 가져왔다. 또한 직접 상품을 시식하고 평가하는 시스템을 통해 품질 관리에 집중했으며, 그 과정에서 고객의 의견을 확인하고 하나씩 개선해 나가는 습관을 통해 현재의 마켓컬리를 만들어낼 수 있었다.

◇ 그녀의 어린 시절은 어땠을까?

김슬아 대표는 1983년 경상남도 울산에서 태어났다. 그녀의 부모님은 두 분 다 의사로, 가정에서 안정적인 교육 환경을 조성해 주셨다. 그녀는 어릴 적 외할머니의 솜씨 좋은 손맛 덕분에 음식에 대한 애정과 감각이 자연스럽게 길러졌다고 한다. 그녀는 어린 시절 뛰어난 학업 능력과 호기심 가득한 배움의 태도가 두드러진 아이였다. 중학교를 전교 수석으로 졸업할 만큼 뛰어난 성적으로 주목받았고, 민족 사관 고등학교(민사고)에 수석으로 입학했다. 하지만 그녀는 돌연 미국 유학을 가겠다고 선언하고 미국 유학길에 오른다.

그녀는 미국 명문 기숙학교인 '루미스 채피' 고등학교 10학년에 입학한다. 어린 시절부터 영어에 노출된 덕분에 영어 소통에는 큰 어려움이 없을 수 있지만, 새로운 환경에 적응하는 것이 그녀에게도 쉽지는 않았을 것이다. 하지만 그녀는 당당히 미국의 명문 여자대학교 중 하나인 웰즐리 대학교에 입학하여 정치학을 전공하고, 우수한 성적으로 졸업했다. 그 후 그녀는 세계적으로 가장 들어가기 힘들다고 알려진 기업들인 골드만 삭스, 맥캔지 앤 컴퍼니 등에서 일하게 된다. 그리고 한국으로 돌아와 마켓컬리를 창업하게 된다.

그런 그녀의 초등학교 시절 꿈은 사업가가 아닌 음악가였다. 고등학교 때 '음악이 내 재능이 아닐 수도 있겠다.'라는 생각에 약간의 방황을 했고, 서른 살이 될 때까지 펀드매니저, 인권 변호사, 요리사 등 꿈이 계속 변했다. 결국 그녀는 자신이 좋아하는 일을 찾는 과정에서 지금의 마켓컬리를

     3부 함께 성장하는 삶을 말하다

창업하게 되었다.

◇ 그녀의 부모님은 그녀에게 어떤 영향을 미쳤을까?

김슬아 대표의 부모님이 보여준 교육 철학은 한마디로 자유를 주되 스스로 책임지게 하는 교육이라고 할 수 있다. 그들은 자녀의 진로나 사소한 선택에 개입하지 않았다. 실제로 그녀가 유학을 가겠다고 했을 때 "네가 가고 싶으면 가라. 대신 학교 선정부터 서류 준비까지 네가 직접 다 합격해 오면 보내주겠다."라고 하셨다. 이런 방식은 그녀가 어린 나이부터 독립심을 기르고, 자신의 선택에 대해 끝까지 책임지는 자기 확신을 갖게 하는 데 결정적인 영향을 주었을 것으로 보인다. 실제로 그녀는 혼자서 모든 준비를 했고, 학교에 입학할 수 있었다.

이는 부모님의 열린 태도와 자녀에 대한 존중이 밑바탕이 되었음을 보여준다. 그들은 딸이 스스로 목표를 세우고 이루도록 교육했다. 이것은 그녀가 뛰어난 학업 성취를 이루고 글로벌 진로를 개척하는 데 기반이 되었다고 할 수 있다.

◇ 그녀는 어떤 실천 습관을 갖고 있을까?

김슬아 대표는 '아이디어'보다 '실행'과 '끈기'를 더 중요시하는 리더로 잘 알려져 있다. 그녀의 성공은 날카로운 전략 덕분이기도 했지만, 무엇보다도 작더라도 실천하고 매일 꾸준히 반복하며 문제를 끝까지 붙들고 놓지 않는 실천 습관에서 비롯되었다.

그녀는 작고 단순한 실험부터 시작하여 고객 피드백을 반영하며 제품과 서비스를 꾸준히 개선해 나갔다. 이는 작게 시작해서 끝까지 완수하는 습관이었다.

전략보다 실행을 중시하며, "시장 반응을 보기 전까지는 아무것도 확실하지 않다."라는 신념으로 계획보다 실행을 우선시했다.

그녀는 또한 불편한 진실과 어려운 과제 앞에서 회피하지 않고 직접 부딪혀 나갔다. 초기 창업 시절부터 지금까지 매일 데이터 점검, 상품 검수, 고객 서비스(CS) 확인을 일상처럼 반복하며 습관화했다. 창업 초기에 직접 새벽 배송 트럭에 올라타 고객 경험을 체험하고, 그 피드백을 즉시 개선점에 반영했다. 이는 "불편함을 실천으로 검증한다."라는 그녀의 실천 철학을 잘 보여준다. 또한 그녀는 모든 상품을 직접 시식하는 원칙을 지키며, "내가 먹을 수 없는 것은 팔지 않는다."라며 지금도 직접 상품을 시식하고 품질을 평가한다. 이는 단순한 관리자 역할을 넘어 고객 경험을 실천적으로 확인하는 습관이다.

그녀는 "좋은 아이디어는 누구나 낼 수 있어요. 결국 차이는 실행력에서 나옵니다."라고 말하며 자신의 실천 철학을 드러내기도 했다.

    3부 함께 성장하는 삶을 말하다

그레타 툰베리

Greta Thunberg

> "행동하지 않으면 변화는 없다."

그레타 툰베리는 2018년 15세 때 스웨덴 의회 앞에서 혼자 '기후를 위한 학교 파업(School Strike for Climate)' 시위를 시작했다. 이 행동은 SNS를 통해 전 세계로 퍼지며 곧 전 세계 학생들에게 영향을 미치기 시작했고, 이후 그녀는 Fridays for Future(미래를 위한 금요일) 운동의 상징적 인물이 되었다. 그녀는 2019년 UN 기후 행동 정상회의에서 강력한 연설로 세계의 이목을 집중시키기도 했다. 또한 수많은 국제회의에서 기후 위기의 심각성을 알리고 정책 변화를 촉구했다.

◇ 그녀의 어린 시절은 어땠을까?

그녀는 2003년 스웨덴 스톡홀름에서 태어났다. 내성적이고 조용한 성격으로, 어린 시절부터 친구들보다 책과 생각에 몰두하는 시간을 더 좋아했다. 그러던 그가 여덟 살 때 학교에서 기후 변화 다큐멘터리를 보고 큰 충격을 받았다. "빙하가 녹고, 기후가 변하면 수많은 생명체가 사라진다."라는 내용을 접하고 강한 충격과 불안을 느꼈다. 이때부터 "왜 어른들은 이렇게 심각한 문제를 해결하지 않는가?"라는 질문을 스스로에게 던지기 시작했다. 11세 때 그는 아스퍼거 증후군과 선택적 함묵증 진단을 받았지만, 이를 '내가 세상을 다르게 보고 집중하는 능력'으로 받아들였다.

그는 환경에 관한 책, 과학 자료, 다큐멘터리를 반복해서 탐독하며 문제를 깊이 이해하려 노력했다. 어릴 때부터 말보다 행동을 선호했고, 부모님께 "비행기를 타지 말자."라고 설득하여 가족의 여행 방식을 바꾸기도 했다. 그는 스스로 할 수 있는 작은 실천으로 학교에서 종이와 플라스틱 절약을 직접 실천했고, 쓰레기 줄이기 운동도 자발적으로 실행했다.

◇ 그녀의 부모님은 그녀에게 어떤 영향을 미쳤을까?

그녀의 어머니는 스웨덴의 세계적인 오페라 가수이자 스톡홀름 왕립 음악 아가데미 회원이며, 2009년 유로비전 송 콘테스트에서 스웨덴 대표로 참가했다. 원래는 국제 무대에서 활발히 활동했으나, 딸 그레타의 영향으로 기후 환경을 고려해 비행을 중단하고 채식주의자가 되었다. 그녀의 아버지는 배우이자 프로듀서로 활동하며 그녀의 어머니와 함께 가족의 생활 전반을 이끌어 왔다. 딸의 기후 행동에 대해 처음에는 걱정했으나, 나중에는 스스로 삶의 방식을 바꾸며 전적으로 지지하게 되었다.

그녀가 15세 때 스스로 학교 시위를 시작했을 때도 처음에는 부모님의 반대가 있었으나, 이후 가족 전체가 삶의 방식을 바꾸며 딸의 신념을 전적으로 지지했다. 그레타가 11세 무렵 우울증, 선택적 함구, 거식증 등을 겪었을 때, 부모님은 전문의의 도움을 받을 수 있도록 했다. 그녀의 아픔을 책임감 있게 마주하고 존중하는 태도를 보였던 것이다. 그 결과 그레타는 점차 회복하며 자신만의 방향으로 행동하기 시작했고, 이는 가족 모두에게 큰 전환점이 되었다. 그녀의 부모는 그레타와 함께 삶의 방식을 근본적으로 바꾸는 여정에 동참했으며, 특히 어머니는 여행과 공연 활동을 중단하고 가족 전체가 기후 환경에 대한 태도를 공유하게 되었다.

◇ 그녀는 어떤 실천 습관을 갖고 있을까?

어린 그레타는 학교에서 기후 변화에 관한 영상을 보았다. 빙하가 녹아내리고, 숲이 사라지며, 수많은 동물이 서식지를 잃어가는 장면은 어린 소녀의 마음을 깊이 흔들었다. "이대로라면 우리의 미래는 없다."라고 생각했다. 그때부터 그녀의 머릿속에는 1가지 질문이 떠나지 않았다. "어른들은 왜 아무것도 하지 않는 걸까?"

하지만 세상은 너무 거대했고, 그녀는 너무 작았다. 혼란과 우울, 침묵 속에서 그레타는 스스로에게 답을 찾았다. "작은 행동이라도 내가 먼저 해야 한다."

그날 이후 그녀는 하나씩 삶을 바꾸기 시작했다. 비행기를 타지 않고 기차를 이용하며, 육류 대신 채소를 먹고, 새 옷 대신 중고 옷을 입었다. 매주 금요일마다 학교 대신 의회 앞에 앉아 '기후를 위한 학교 파업' 피켓을 들었다. 사람들은 처음에 그녀를 비웃었지만, 그녀의 행동은 멈추지 않았다. 실천은 쉽지 않았다. 때로는 외롭고 세상은 냉소적이었지만, 그녀는 알았다. **"말만 하는 세상에서 행동이 가장 큰 목소리다.**" 작은 피켓 하나가 세계적인 파동을 일으켰듯, 그녀는 믿는다. 실천이 세상을 바꾸는 유일한 시작점임을. 그리고 오늘도 그레타는 조용히, 그러나 단호하게 행동한다. 왜냐하면 그녀는 알고 있기 때문이다. "미래는 말이 아니라 우리의 행동으로 만들어진다."라는 것을.

헬렌 켈러

"삶은 용기 있는 모험이거나,

아무것도 아니다."

그녀는 시각과 청각을 잃은 장애에도 불구하고, 세상을 향해 자신의 목소리를 행동으로 증명한 인물이다. 앤 설리번 선생님을 만나며 그녀는 세상과 소통하기 시작했고, 미국 최초로 시각 및 청각 장애인으로서 대학을 졸업했다. 하지만 그녀의 도전은 거기서 멈추지 않았다. 보지도, 듣지도 못하는 그녀는 자신의 가능성을 증명하는 데서 그치지 않고, 장애인과 사회적 약자를 위해 말하고, 쓰고, 행동했다. 작가이자 연설가로서 수백 편의 글과 연설을 통해 장애인의 권리, 여성 참정권, 노동 인권, 평화를 외쳤다. 또 미국 시민자유연맹(ACLU)의 초기 활동을 지지하며 장애인과 사회적 약자의 권리를 위해 목소리를 냈고, 1915년에는 전쟁과 빈곤으로 시력을 잃은 사람들을 돕기 위해 '헬렌 켈러 인터내셔널' 설립에 참여했다. 그녀의 삶은 단순한 극복을 넘어, 차별과 한계를 뛰어넘어 행동으로 변화를 이끈 여정이었다.

◇ 그녀의 어린 시절은 어땠을까?

헬렌 켈러는 1880년 미국 앨라배마주 한 농가에서 태어났다. 태어났을 때의 그녀는 건강한 아이였고 가족의 사랑을 받으며 자랐다. 그러나 생후 19개월에 고열을 동반한 병을 앓은 뒤 헬렌은 시력과 청력을 모두 잃게 되었다. 세상은 갑자기 조용해졌고, 빛도 사라졌다. 말을 배울 기회조차 없이 자란 헬렌은 자신의 마음을 표현할 방법을 찾지 못한 채 분노와 좌절을 행동으로 터뜨리는 아이가 되었다. 가족조차 그녀의 마음을 이해하기 어려웠다.

6세 무렵, 어머니는 보스턴의 퍼킨스 시각장애 학교에 도움을 청했고, 그곳에서 젊은 교사 앤 설리번을 만났다. 1887년 앤 설리번은 헬렌에게 손바닥에 글자를 하나하나 써서 단어를 가르치는 방법으로 손가락 철자법을 가르쳤다. 처음에는 이해히지 못했으나 '물'이라는 단어아 흐르는 물의 감각이 연결된 순간, 헬렌은 사물과 언어의 관계를 깨닫고 눈부신 속도로 단어를 습득했다. 그때부터 그녀는 세상을 이해하는 새로운 문을 열었고, 학습에 대한 열망으로 가득 차기 시작했다.

헬렌은 단어를 배우는 데서 멈추지 않고, 질문하고, 이해하고, 더 넓은

     3부 함께 성장하는 삶을 말하다

세계로 나아가고 싶어 했다. 하지만 그 길은 결코, 쉽지 않았다. 수업 하나를 따라가기 위해 수없이 반복해야 했고, 앤 설리번 선생님은 언제나 곁에서 헬렌의 눈과 귀가 되어 강의 내용을 하나하나 손으로 풀어 설명해 주었다. 마침내 헬렌 켈러는 자신이 원하던 래드클리프 칼리지에 입학할 수 있었다. 래드클리프 대학은 당시 여학생을 받지 않던 하버드 대학이 여학생을 위해 개설한 부설 대학이었다. 앤 설리번은 대학 강의실에서도 헬렌의 곁을 지키며 교수의 말을 손바닥 위 언어로 옮겨 주었다. 1904년, 그녀는 시각과 청각의 중복 장애를 가진 사람으로는 최초로 대학을 졸업하게 되었다. 그 순간은 한 사람의 성공이 아니라, 끝까지 믿어준 어른과 끝까지 포기하지 않은 아이가 함께 만들어낸 결실이었다. 그녀의 어린 시절은 절망 속에서도 배움과 소통을 향한 갈망으로 가득 차 있었다.

◇ 그녀의 부모님은 그녀에게 어떤 영향을 미쳤을까?

그녀의 아버지 아서 H. 켈러는 남북전쟁 당시 남군 장교로 복무했다. 이후 앨라배마 지역 신문사의 편집자이자 칼럼니스트로 일하며, 당시 미국 남부 지역의 시사 · 정치 글을 꾸준히 집필했다. 보수적인 남부 문화 속에서 살았지만, 딸 헬렌이 장애를 입자 그녀의 교육과 치료를 위해 외부의 도움을 받아들이는 태도를 보였다. 특히 의사와 전문가의 조언을 적극적으로 구하며, 장애가 헬렌의 미래를 막지 않도록 다양한 가능성을 탐색했다. 헬렌이 열한 살 무렵, 아버지는 세상을 떠났고 그의 이른 죽음은 헬렌에게 또 하나의 상실이었다. 하지만 아버지가 생전에 남긴 글들을 읽으며 헬렌 켈러는 세상을 바라보는 태도를 배웠을 것이다. 또 그것은 작가이자 사상가로 그녀가 성장하는데 바탕이 되었을 것이다.

그녀의 어머니 케이트 애덤스 켈러는 헬렌 켈러의 삶에서 결정적인 선택을 한 사람이다. 딸이 시각과 청각을 잃은 뒤에도 배움의 가능성을 끝까지 포기하지 않았다. 그녀는 "어쩔 수 없다."라는 말 대신 딸이 배울 수 있는 방법을 찾으며 책을 봤고 보스턴 퍼킨스 시각 장애아 학교와 알렉산더 그레이엄 벨을 찾아가 조언을 구했고, 그 과정에서 앤 설리번을 헬렌의 가정교사로 맞이하게 되었다. 이 선택이 헬렌 켈러 인생의 방향을 바꿔주었다. 그녀의 어머니는 눈앞의 현실만 보지 않고 아이의 가능성을 믿고 행동한 부모였다. 기다리고, 시도하고, 다시 움직이는 그 태도가 헬렌 켈러가 언어를 배우고 세상과 연결되는 출발점이 된 것이다.

그녀의 부모는 헬렌의 장애를 한계로 보지 않고, "배움과 돌봄으로 극복할 수 있다."라는 믿음을 가졌다. 당시 사회는 장애에 대해 부정적이었지만, 부모는 전문가와 학교의 지원을 적극 수용했다. 장애를 가진 아이의 잠재력을 믿고, 포기하지 않는 태도로 교육적 지원을 아끼지 않았다. 또 헬렌의 좌절과 분노를 감싸며, 강압이 아닌 인내와 격려로 학습을 지원했다. 딸을 보호하는 것에 그치지 않고, 스스로 배우고 성장할 수 있는 기회를 제공해 주었다. 이는 헬렌이 자신의 한계를 뛰어넘는 강한 자존감을 형성하는 데 큰 역할을 했다. 이러한 사랑과 인내, 개방성이 그녀가 세계적인 사상가이자 행동가로 성장하는 토대가 되었다.

◇ 그녀는 어떤 실천 습관을 갖고 있을까?

그녀는 환경과 조건을 탓하지 않고 스스로 할 수 있는 방법을 찾아 실천했다. 장애를 극복할 뿐만 아니라, 자신이 배운 것을 행동으로 옮기며 세상과 소통했다. 그녀의 실천은 작은 습관에서 시작되어 세계적인 영향으로 확장되었다고 할 수 있다. 그녀는 손끝으로 읽는 점자, 손바닥 철자, 타자기 등을 활용해 매일 글을 쓰고 책을 읽는 습관을 유지했다. 그러면서 새로운 단어와 개념을 배우는 것을 멈추지 않았다. 그리고 그것을 수십 번, 수백 번 되풀이했다. 그녀에게 배움은 깨달음이 아니라 반복을 멈추지 않는 태도였다. 앤 설리번과 매일 손으로 대화하는 연습, 구술 연습, 촉각을 통한 의사소통을 꾸준히 실천하며 언어를 통해 세상과 연결되려 한 것이다.

그녀는 개인적인 학업 성공에 머무르지 않고 현장에 직접 참여했다. 장애인 학교 방문, 인권 집회, 여성 참정권 운동, 노동자 집회, 평화운동 등에 적극적으로 참여했다. "세상을 바꾸려면 말이 아니라 행동해야 한다."라는 믿음으로, 연설과 글쓰기, 직접 방문을 통한 실천을 꾸준히 이어갔다. 그녀는 중복 장애에도 불구하고 "내가 가진 것에 감사하며 앞으로 나아가자."라는 마음가짐을 일상에서 실천한 것이다. 이러한 태도는 좌절 대신 도전을 선택하도록 이끌었다. 그녀는 건강과 정신력을 유지하기 위해 규칙적인 생활과 자기 훈련을 실천했고, 어려운 상황 속에서도 자신을 단련하며 자율적인 삶을 살기 위해 노력했다. 헬렌 켈러의 실천 습관은 **배운 것을 행동으로 옮기고 세상과 연결되는 삶이었다. 그녀는 매일의 작은 실천을 통해 자신의 한계를 넘어 인류의 희망이 되는 길을 만들어갔다.**

함께 자라는 부모 · 아이 실천 기록장

성장은 혼자가 아니라 함께 만들어 가는 길입니다. 부모가 먼저 감사할 순간을 찾고, 집중하고 싶은 일에 몰입하며, 마음을 기록하고, 작은 실천을 이어갈 때 아이 역시 그 모습을 통해 자신의 가능성을 배우고 하루를 달리 살아가기 시작할 것입니다.

천천히 적어 내려가는 당신은 이미 실천하는 부모입니다.

1. 감사 – 감사를 발견하는 시간
(나의 장점은 내가 적고, 아이의 장점은 아이가 적어보도록 해주세요.)

· 나의 장점 10가지 적어보기

____

· 아이의 장점 10가지 적어보기

____

2. 몰입 – 집중하는 힘을 키우는 시간

• 부모와 자녀가 각각 몰입하고 싶은 일

____

• 몰입을 방해하는 요소

____

• 바로 실천할 수 있는 몰입을 위한 1가지 방법
  (예: 핸드폰 시야에서 치우기, 아이와의 대화시간 만들기, 몰입할 장소를 하나 정하기)

____

3. 기록 – 하루를 정리해 주는 도구

• 기록이 주는 가장 큰 이점
  (예: 생각과 감정이 정리, 문제 해결이 빨라져, 성장과 변화가 눈에 보임 등)

____

• 지금 나에게 필요한 기록 형태는 무엇인가요?

☐ 시간 관리 기록   ☐ 감정 기록   ☐ 하루 일기   ☐ 독서 기록

☐ 아이 성장 기록   ☐ 관계 기록   ☐ 나의 목표, 습관 변화 기록

☐ 기타: ____

4. 실천 – 행동으로 보여주는 부모

- 지금까지 해낸 일 중 '가장 뿌듯했던 순간'은?

____

- 그 행동이 가능했던 이유

____

- 오늘 아이에게 보여주고 싶은 작은 실천은?

____

"작은 습관을 행동으로 옮기는 순간, 아이의 인생이 달라진다." 아이를 잘 키우는 비결은 거창한 데 있지 않다. 매일의 작은 실천 속에 숨어 있다. 김연아 선수의 새벽 훈련과 마리 퀴리의 작은 기록, 유재석의 세심한 배려와 안젤리나 졸리의 다채로운 경험.

이 모든 것은 특별한 순간이 아니라 매일 반복되는 습관과 행동에서 비롯되었다. 아이도 마찬가지이다. 함께 책을 읽고, "고마워!"라고 말해주고, 아이에게 웃어주고 이러한 작은 행동 하나하나가 아이의 마음에 깊이 새겨진다. 그리고 그것이 쌓여 아이의 평생 습관이 된다. 중요한 것은 '완벽하게' 하는 것이 아니다. 작지만 꾸준히, 오늘도 한 걸음을 내딛는 것이다.

때로는 지치고, 아이가 변하지 않는 것 같아 답답할 때도 있다. 하지만 부모의 작은 실천은 반드시 아이의 마음에 씨앗이 될 것이다. 씨앗은 당장 눈에 보이지 않더라도, 관심을 가지고 꾸준히 물과 햇빛을 공급해 주면 어느 날 분명히 싹을 틔우고 꽃을 피울 것이다. 아이를 잘 키운다는 것은 결국 "오늘 내가 보여주는 작은 행동"에서 시작된다.

오늘 아이에게 미소를 지어 주자.

오늘 아이와 함께 책장을 넘겨 보자.

오늘 아이에게 "넌 소중한 사람이야."라고 말하자.

그 순간, 아이의 미래는 이미 한층 더 따뜻하고 견고해질 것이다.

◇ 책을 마무리하며…

책을 마무리하며 부끄러운 마음과 감사한 마음이 함께한다.

첫 책을 출간하며 부족함을 많이 느꼈지만, 작가로 소질 있다며 응원해 주시고 잘하고 있다고 격려해 주신 리치 그룹 이지영 대표님께 진심으로 감사의 말씀을 드린다. 이지영 대표님께 크고 작은 선물을 많이 받았다. 대표님을 나의 멘토로 만난 것은 내게 정말 큰 행운이었다. 다시 한번 깊은 감사의 마음을 전하며, 대표님 가정의 건강과 행복을 기원한다.

투고한 원고를 보시고 장문의 메일로 답을 주셨던 미다스북스 출판사 류종렬 대표님과 임종익 총괄본부장님, 안채원 편집자님께 진심으로 깊은 감사의 말씀 전해드리고 싶다.

책을 낸다고 했을 때 제일 많이 놀라신, 힘든 삶 속에서도 건강하게 잘 키워주신 사랑하는 부모님께 진심으로 감사드린다. 세 아이를 낳고 키우며 힘들 때마다 부모님을 생각하게 된다. 부모가 되기 전에는 부모의 마음을 꿈에도 몰랐다. 내 자녀들은 조금 더 일찍 부모 마음을 알아주었으면 하는 이기적인 바람이 있다.

책을 쓰는 동안 변함없이 곁에서 든든한 지원군이 되어준 사랑하는 남편에게 깊은 감사의 마음을 전한다. 나보다 더 자녀 교육에 관심이 많고 철학이 깊은 남편 김신호 님과 공동 저자로 두 번째 책을 함께 써보자고 제안하고 싶다.

부족한 엄마지만 부모로서 이토록 의미 있는 인생을 살게 해준 사랑하는 세 자녀, 서현, 아현, 가현에게 사랑과 감사의 마음을 전하고 싶다. 너희와 함께 웃고, 함께 쌓아 온 일상은, 내 삶을 든든하게 받쳐주는 힘이 되었다. 너희가 있어 나는 매일 조금 더 나아지고 싶어지고, 앞으로도 너희에게 힘이 되고 싶다.

마지막으로, 이 책의 여정을 끝까지 함께해 주신 독자 여러분께 진심으로 감사의 말씀을 드린다. 내 아이만 잘 키우겠다는 마음을 넘어, 서로의 아이를 함께 지켜 주는 따뜻한 울타리가 되었으면 한다. 우리의 작은 실천이 한 아이의 내일을 밝히는 힘이 되기를 바란다. 이 책이 당신의 하루에 작은 용기와 방향을 더해주었다면 그보다 큰 보람은 없을 것이다.

읽어 주셔서 감사합니다. 우리가 함께 만들어갈 성장의 길을 진심으로 응원합니다.

2026. 1. 5

함정민

부모가 읽으면 좋은 핵심 습관
12가지 관련 추천 도서 100권

1. 오늘의 나를 들여다보는 독서

1. 독서로 부모의 세상 넓히기

1. 『독서는 습관이다』 장오수, 지식과감성
2. 『기적을 만드는 엄마의 책 공부』 전안나, 가나출판사
3. 『독서는 절대 나를 배신하지 않는다』 사이토 다카시, 걷는나무
4. 『하브루타 독서법』 양동일 · 김정완, 예문출판사
5. 『초등 1학년 공부, 책 읽기가 전부다』 송재환, 위즈덤하우스
6. 『중1 독서 습관』 유형선 · 김정은, 사우
7. 『독서의 기술』 M.J. 애들러, 허용우 역, 너머학교
8. 『엄마의 책갈피 인문학』 김선호, 상상출판

2. 부모의 시간, 관리가 아니라 '우선순위 선택'

9. 『슬로비스의 모자』 로타르 J. 자이베르트, 나종석 · 이원석 역, 북캠퍼스
10. 『하버드 첫 강의, 시간 관리 수업』 쉐셴장, 하정희 역, 리드리드출판
11. 『잠들어 있는 시간을 깨워라』 브라이언 트레이시, 이성엽 역, 황금부엉이
12. 『원씽(The ONE Thing)』 게리 켈러 · 제이 파파산, 구세희 역, 비즈니스북스
13. 『거인의 시간』 어맨사 임버, 김지아 역, 다산북스
14. 『스마트한 시간관리 인생관리 습관』 마크 포스터, 형선호 역, 중앙경제평론사
15. 『성공하는 사람들의 시간관리 습관』 유성은 · 유미현, 중앙경제평론사
16. 『에센셜리즘』 그렉 맥커운, 김미정 역, 알에이치코리아

3. 흔들리지 않는 내면을 만드는 자기 확신

17. 『자존감 수업』 윤홍균, 심플라이프
18. 『엄마 심리 수업』 윤우상, 심플라이프
19. 『나는 나로 살기로 했다』 김수현, 클레이하우스
20. 『나와 친해지는 연습』 최윤정, 현대지성
21. 『당신은 생각보다 멘탈이 강한 사람입니다』 박세니, 다산북스
22. 『부모의 내면이 아이의 세상이 된다』 대니얼 J. 시겔 · 메리 하첼, 신유희 역, 페이지2북스
23. 『자기 신뢰의 힘』 랄프 왈도 에머슨, 박윤정 역, 타커스
24. 『믿는 만큼 자라는 아이들』 박혜란, 나무를심는사람들

4. 삶의 방향을 바꾸는 부모의 생각 습관

25. 『현명한 엄마의 생각 수업』 토비타 모토이, 장현주 역, 오리진하우스
26. 『생각의 지도』 리처드 니스벳, 최인철 역, 김영사
27. 『생각의 각도』 이민규, 끌리는책
28. 『원인과 결과의 법칙 1: 사람은 생각하는 대로 살게 된다』 제임스 앨런, 박선영 역, 21세기 북스
29. 『습관을 바꾸는 생각의 힘』 야마사키 히로시, 한양희 역, 이터
30. 『불필요한 생각 버리기 연습』 스즈키 도시아키, 양필성 역, 클랩북스
31. 『생각이 너무 많은 당신에게』 한창욱, 정민미디어
32. 『렛뎀 이론』 멜 로빈스, 윤효원 역, 비즈니스북스

2. 너를 깊이 이해하는 독서

5. 아이가 닮고 싶은 롤 모델 찾기

33. 『그릿(GRIT)』 김주환, 인플루엔셜
34. 『네 꿈과 행복은 10대에 결정된다』 이민규, 더난출판사
35. 『현명한 부모는 아이를 느리게 키운다』 신의진, 걷는나무
36. 『내 아이가 힘겨운 부모들에게』 오은영, 녹색지팡이
37. 『마인드셋』 캐롤 S. 드웩, 김준수 역, 스몰빅라이프

38. 『영혼이 강한 아이로 키워라』 조선미, 북하우스

39. 『깨어 있는 부모』 셰팔리 차바리, 구미화 역, 나무의마음

40. 『세상에서 가장 쉬운 본질 육아』 지나영, 21세기북스

6. 내 아이를 이해하는 첫 번째 언어 '관찰'

41. 『관찰 육아』 박은희, 상상아카데미

42. 『관찰의 기술』 양은우, 다산북스

43. 『나는 다정한 관찰자가 되기로 했다』 이은경, 서교책방

44. 『디테일의 힘』 왕중추, 허유영 역, 올림

45. 『못 참는 아이 욱하는 부모』 오은영, 코리아닷컴

46. 『배려』 한상복, 위즈덤하우스

47. 『FBI 관찰의 기술』 조 내버로, 리더스북

48. 『기다려 주는 육아』 고코로야 진노스케, 송소정 역, 유노라이프

7. 아이의 마음을 여는 웃음과 긍정

49. 『웃음의 과학』 이윤석, 사이언스북스

50. 『웃음의 치유력』 노먼 커즌스, 양억관 역, 스마트비즈니스

51. 『유머는 리더의 품격이다』 이상섭, 행복에너지

52. 『인생 녹음 중』 인생 녹음 중 부부, 김영사

53. 『이토록 다정한 사춘기 상담소』 이정아, 현대지성

54. 『행복은 이어달리기』 마스다 미리 그림 에세이, 이봄

55. 『착한 엄마가 애들을 망친다고요?』 레베카 애인즈, 김진희 역, 도서출판 새얀

56. 『웃는 버릇』 김응 시집, 창비교육

8. 아이의 마음을 확장하는 경험의 힘

57. 『부서지는 아이들』 애비게일 슈라이어, 이수경 역, 웅진지식하우스

58. 『아이의 뇌』 김붕년, 포레스트북스

59. 『언제까지나, 꿈이 있는 아내는 늙지 않는다』 김미경, 어웨이크

60. 『스무 살에 알았더라면 좋았을 것들』 티나 실리그, 이수경 역, 웅진지식하우스

61. 『내 모든 습관은 여행에서 만들어졌다』 김민식, 위즈덤하우스

62. 『경험은 어떻게 유전자에 새겨지는가』, 데이비드 무어, 정지인 역, 아몬드

63. 『멈추지 마, 다시 꿈부터 써봐』, 김수영, 꿈꾸는 지구

64. 『나는 퇴사가 두렵지 않은 경준녀입니다』, 임선영, 잇콘

3. 우리가 함께 자라는 독서

9. 감사는 감정이 아니라 삶의 태도

65. 『매직(The MAGIC)』, 론다 번, 하윤숙 역, 살림Biz

66. 『감사: 삶의 시작이자 끝』, 루이스 헤이와 친구들, 이계윤 · 엄남미 역, 케이미라클모닝

67. 『단순하게 살아라』, 베르너 티키 퀴스텐마허 · 로타르 J. 자이베르트, 유혜자 역, 김영사

68. 『감사, 감사의 습관이 기적을 만든다』, 정상교, 모아북스

69. 『감사의 재발견』, 제러미 애덤 스미스 · 키라 뉴먼 · 제이슨 마시 · 대처 켈트너, 손현선 역, 현대지성

70. 『내 삶을 변화시키는 감사의 기적』, 황성주, 정민미디어

71. 『지금 이 순간을 살아라』, 에크하르트 톨레, 노혜숙 · 유영일 역, 양문출판사

72. 『소망을 이루어주는 감사의 힘』, 닐르 C. 넬슨 · 지니 르메어 칼라바, 이상춘 역, 한문화

10. 깊이 몰입한 순간

73. 『몰입』, 황농문, 알에치코리아

74. 『몰입의 즐거움』, 미하이 칙센트미하이, 이희재 역, 해냄출판사

75. 『딥 워크』, 칼 뉴포트, 김태훈 역, 민음사

76. 『18시간 몰입의 법칙』, 이지성, 맑은소리(동반인)

77. 『단순함이 너의 모든 것을 바꾼다』, 리오 바바우타, 허형은 역, 경원북스

78. 『몰입은 과학이다』, 데이먼 자하리아데스, 박혜원 역, 포텐업

79. 『몰입의 기술』, 이윤규, 더퀘스트

80. 『집중의 뇌과학』, 가바사와 시온, 이은혜 역, 현대지성

11. 너와 내가 하는 기록의 힘

81. 『기록의 쓸모』, 이승희, 북스톤

82. 『메모의 기술』, 사카토 겐지, 고은진 역, 해바라기

83. 『종이 위의 기적, 쓰면 이루어진다』, 헨리에트 앤 클라우저, 안기순 번역, 한언

84. 『메모의 재발견』, 사이토 다카시, 김윤경 역, 비즈니스북스

85. 『메모 습관의 힘』, 신정철, 토네이도

86. 『완벽한 부모가 아이를 망친다』, 김성곤, 글의온도

87. 『파서블』, 김익한, 인플루엔셜

88. 『기적의 메모술』, 이케다 요시히로, 김진아 역, 라의눈

12. 삶의 변화로 이어지는 실천의 힘

89. 『아주 작은 습관의 힘』, 제임스 클리어, 비즈니스북스

90. 『실행이 답이다』, 이민규, 더난출판사

91. 『지금 하지 않으면 언제 하겠는가』, 팀 페리스, 박선령 · 정지현 역, 토네이도

92. 『죽을 때 후회하는 스물다섯 가지』, 오츠 슈이치, 황소연 역, 21세기북스

93. 『끌리는 사람은 1%가 다르다』, 이민규, 더난출판사

94. 『습관의 재발견』, 스티븐 기즈, 구세희 역, 비즈니스북스

95. 『행동하는 습관』, 쓰카모토 료, 김경인 역, 경원북스

96. 『시작의 기술』, 개리 비숍, 이지연 역, 웅진지식하우스

97. 『행동력 수업』, 오현호, 스카이마인드

98. 『나는 다시 나를 설계하기로 했다』, 마르틴 베를레, 배명자 역, 메이븐

99. 『습관의 힘』, 찰스 두히그, 강주헌 역, 갤리온

100. 『행동하지 않으면 인생은 바뀌지 않는다』, 브라이언 트레이시, 정지현 역, 현대지성